JN070479

本人の「**困った！**」、
支援者の「**どうしよう…**」を軽くする

# 強度行動障害のある人を支えるヒントとアイデア

西田武志・福島龍三郎 編著

中央法規

# はじめに

この本を手にされた人は、何らかの形で強度行動障害のある人にかかわっている、あるいはかかわろうとしている人であると思います。

障害福祉の分野では、強度行動障害に関する話題は長く重要な検討事項として取り上げられてきており、それは現在も続いています。強度行動障害という状態は、重度の知的障害と自閉スペクトラム症を併せもっている人がなりやすいことが明らかになっています。そして強度行動障害支援者養成研修でもふれられているように、強度行動障害はもともとの障害ではなく、行動に関する状態を表す言葉であることは、知的障害のある人を支援する現場では広く知られているところです。

最近では、自閉スペクトラム症や強度行動障害への支援の方策がさまざまな実践や研究を通して整理され、標準的な支援方法も広がってきました。

そのなかでは、表に現れる行動だけではなく背景にある要因に着目し、障害のある本人の障害特性や学習スタイルと、本人を取り巻く支援者を含めた環境とのミスマッチを解消していくことで、その状態は改善することが明らかになっています。

しかし、支援現場や家庭では、激しい行動によって障害のある本人や家族はもちろん、同じ施設の利用者、支援者といった周囲の人の生活や活動に大きな影響を与えていることも事実です。支援の現場からは、「からだもこころもぎりぎりで支援している」「うまくいかなくて落ち込む」「支援をしていても結果が見えにくい」「一人で抱え込んでしまい、つらくて現場を去る人がいる」など切実な声も聞かれます。

これらの声に対して、支援者が研修を受けて対応方法を学ぶ機会や、特定の支援者・事業所で抱え込むことなく組織や地域で支えるための体制整備の取り組みが進められていますが、まだ十分に行き届いているとはいえません。そのようななかで、支援者のみなさんは強度行動障害のある人への支援に日々奮闘されていることでしょう。

一方で、強度行動障害のある人とのかかわりに困難を感じながらも、魅力ある仕事として取り組みつづけている支援者も日本全国にたくさんいます。強度行動障害のある人への支援の困難さと魅力のリアルとはどのようなものでしょうか。

本書では、第１章で強度行動障害のある人と向き合う支援者に必要な知識や情報を、第２章で支援者の等身大のエピソードと支援経験が豊富な先輩の視点を、第３章で支援者が前向きになれる６のテーマについてさまざまな分野の実践家による解説をまとめました。いずれも現場の“リアル”を大切に編集しています。

強度行動障害のある人にかかわる人たちの経験や視点から生まれる言葉をつむぎながら、支援者のみなさんが本人に「寄り添い」「かかわりつづける」ために必要な姿勢やこころのもちようを考えるきっかけになればと願っています。

本書が強度行動障害のある人の支援を一歩でも前に進めるためのヒントやアイデアに出会う機会となり、本人や支援者への「共感」が広がっていく一助となれば幸いです。

2023年８月

西田　武志

福島龍三郎

# 目　次

# 第1章
# 強度行動障害のある人と支援のこと

第１章では、強度行動障害のある人を支えるうえで、支援者のみなさんと共有しておきたい大切な情報をお伝えします。
これまでたくさんの先輩たちや関係する人たちが試行錯誤しながら取り組んできた強度行動障害のある人への支援。その取り組みのなかで、少しずつ強度行動障害のある人たちへの支援の方法が整理されてきました。
強度行動障害のある人の支援について、過去・現在・未来を考えてみたいと思います。

## 1 強度行動障害とは

強度行動障害――この言葉を初めて耳にしたとき、どのような印象を受けましたか。「強度」の「行動」に関する「障害」ですので、インパクトが強すぎる表現だと感じたかもしれません。

現在行われている強度行動障害支援者養成研修のように標準的な支援が整理される前には、特性理解に応じた支援がなされていなかったために、障害のある本人はもちろん、周囲にいる人の生活に大きな影響を及ぼす多くの事例がありました。知的障害福祉の分野で全国的に課題となっていたこの問題を早期に解決するために、よりインパクトをもたせる意味でこの「強度行動障害」という名称が用いられたともいわれています。

以降、2023（令和5）年現在まで、強度行動障害という名称が用いられていますが、その判断基準については法制度の改正とともに変化しています。

1993（平成5）年から始まった「強度行動障害特別処遇事業」の評価（20点以上が強度行動障害）に用いられた強度行動障害判定基準（**表1-1**）は、現在は強度行動障害の状態にある児童期の支援（児童発達支援、放課後等デイサービス、障害児入所施設など）における加算にかかる判定基準として使用されています。

2014（平成26）年度より開始された障害支援区分の認定調査項目においては「行動関連項目」（**表1-2**）が10点以上であることが行動援護、重度訪問介護、重度障害者等包括支援の支給決定の基準の一つに定められ、重度障害者支援加算の算定要件となっています。

このように、強度行動障害という名称は長く使用されていますが、該当する状態像が時代とともに変化していることも支援を考えるうえで押さえておきたい事柄です。

強度行動障害のある人にかかわっている支援者には、現在の施策だけではなく過去の経過も含めて強度行動障害をめぐる課題について理解を深めてもらいたいと考えます。なぜなら、強度行動障害のある人や家族が地域で暮らすためには、行動上の課題が表出している一部の人に対して、一部の支援者や事業者のみではな

### 表1-1　強度行動障害判定基準

| 行動障害の内容 | 行動障害の目安の例示 | 1点 | 3点 | 5点 |
|---|---|---|---|---|
| ひどく自分の体を叩いたり傷つけたりする等の行為 | 肉が見えたり、頭部が変形に至るような叩きをしたり、つめをはぐなど。 | 週に1回以上 | 1日に1回以上 | 1日中 |
| ひどく叩いたり蹴ったりする等の行為 | 噛みつき、蹴り、なぐり、髪ひき、頭突きなど、相手が怪我をしかねないような行動など。 | 月に1回以上 | 週に1回以上 | 1日に頻回 |
| 激しいこだわり | 強く指示しても、どうしても服を脱ぐとか、どうしても外出を拒みとおす、何百メートルも離れた場所に戻り取りにいく、などの行為で止めても止めきれないもの。 | 週に1回以上 | 1日に1回以上 | 1日に頻回 |
| 激しい器物破損 | ガラス、家具、ドア、茶碗、椅子、眼鏡などをこわし、その結果危害が本人にもまわりにも大きいもの、服を何としてでも破ってしまうなど。 | 月に1回以上 | 週に1回以上 | 1日に頻回 |
| 睡眠障害 | 昼夜が逆転してしまっている、ベッドについていられず人や物に危害を加えるなど。 | 月に1回以上 | 週に1回以上 | ほぼ毎日 |
| 食べられないものを口に入れたり、過食、反すう等の食事に関する行動 | テーブルごとひっくり返す、食器ごと投げるとか、椅子に座っていれず、皆と一緒に食事できない。便や釘・石などを食べ体に異状をきたしたことのある拒食、特定のものしか食べず体に異状をきたした偏食など。 | 週に1回以上 | ほぼ毎日 | ほぼ毎食 |
| 排せつに関する強度の障害 | 便を手でこねたり、便を投げたり、便を壁面になすりつける。強迫的に排尿排便行動を繰り返すなど。 | 月に1回以上 | 週に1回以上 | ほぼ毎日 |
| 著しい多動 | 身体・生命の危険につながる飛びだしをする。目を離すと一時も座れず走り回る。ベランダの上など高く危険な所に上る。 | 月に1回以上 | 週に1回以上 | ほぼ毎日 |
| 通常と違う声を上げたり、大声を出す等の行動 | たえられないような大声を出す。一度泣き始めると大泣きが何時間も続く。 | ほぼ毎日 | 1日中 | 絶えず |
| 沈静化が困難なパニック | 一度パニックが出ると、体力的にもとてもおさめられずつきあっていかれない状態を呈する。 | | | あり |
| 他人に恐怖感を与える程度の粗暴な行為 | 日常生活のちょっとしたことを注意しても、爆発的な行動を呈し、かかわっている側が恐怖を感じさせられるような状況がある。 | | | あり |

資料：こども家庭庁長官が定める児童等（平成24年3月30日厚生労働省告示第270号）を一部改変

**表1-2　行動関連項目**

| 行動関連項目 | 0点 | | | 1点 | 2点 |
|---|---|---|---|---|---|
| コミュニケーション | 1. 日常生活に支障がない | | | 2. 特定の者であればコミュニケーションできる<br>3. 会話以外の方法でコミュニケーションできる | 4. 独自の方法でコミュニケーションできる<br>5. コミュニケーションできない |
| 説明の理解 | 1. 理解できる | | | 2. 理解できない | 3. 理解できているか判断できない |
| 大声・奇声を出す | 1. 支援が不要 | 2. 希に支援が必要 | 3. 月に1回以上の支援が必要 | 4. 週に1回以上の支援が必要 | 5. ほぼ毎日（週5日以上の）支援が必要 |
| 異食行動 | 1. 支援が不要 | 2. 希に支援が必要 | 3. 月に1回以上の支援が必要 | 4. 週に1回以上の支援が必要 | 5. ほぼ毎日（週5日以上の）支援が必要 |
| 多動・行動停止 | 1. 支援が不要 | 2. 希に支援が必要 | 3. 月に1回以上の支援が必要 | 4. 週に1回以上の支援が必要 | 5. ほぼ毎日（週5日以上の）支援が必要 |
| 不安定な行動 | 1. 支援が不要 | 2. 希に支援が必要 | 3. 月に1回以上の支援が必要 | 4. 週に1回以上の支援が必要 | 5. ほぼ毎日（週5日以上の）支援が必要 |
| 自らを傷つける行為 | 1. 支援が不要 | 2. 希に支援が必要 | 3. 月に1回以上の支援が必要 | 4. 週に1回以上の支援が必要 | 5. ほぼ毎日（週5日以上の）支援が必要 |
| 他人を傷つける行為 | 1. 支援が不要 | 2. 希に支援が必要 | 3. 月に1回以上の支援が必要 | 4. 週に1回以上の支援が必要 | 5. ほぼ毎日（週5日以上の）支援が必要 |
| 不適切な行為 | 1. 支援が不要 | 2. 希に支援が必要 | 3. 月に1回以上の支援が必要 | 4. 週に1回以上の支援が必要 | 5. ほぼ毎日（週5日以上の）支援が必要 |
| 突発的な行動 | 1. 支援が不要 | 2. 希に支援が必要 | 3. 月に1回以上の支援が必要 | 4. 週に1回以上の支援が必要 | 5. ほぼ毎日（週5日以上の）支援が必要 |
| 過食・反すう等 | 1. 支援が不要 | 2. 希に支援が必要 | 3. 月に1回以上の支援が必要 | 4. 週に1回以上の支援が必要 | 5. ほぼ毎日（週5日以上の）支援が必要 |
| てんかん | 1. 年に1回以上 | | | 2. 月に1回以上 | 3. 週に1回以上 |

資料：「こども家庭庁長官及び厚生労働大臣が定める基準並びに厚生労働大臣が定める基準」
（平成18年9月29日厚生労働省告示第543号）

### 図1-1　強度行動障害の状態

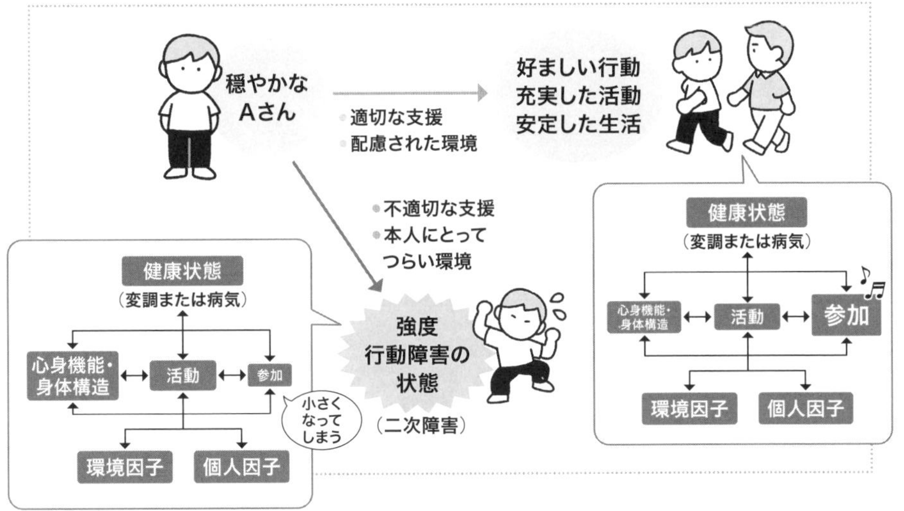


出典：特定非営利活動法人全国地域生活支援ネットワーク監,牛谷正人・肥後祥治・福島龍三郎編『強度行動障害のある人の「暮らし」を支える―強度行動障害支援者養成研修［基礎研修・実践研修］テキスト』中央法規出版,2020年,p.22・26をもとに作成



く、障害福祉分野全体で取り組んでいく課題であるととらえるからです。

このインパクトのある名称の影響もあり、制度を含む支援について全国規模で検討が進んでいます。最近では強度行動障害支援者養成研修が体系化され、全国で展開されています。研修受講者の増加に伴い、支援の裾野が広がることにつながったわけですが、標準的な支援の浸透ということでいえば、さらに広く働きかけていく仕組みが必要ともいわれています。

支援の現場に目を向けてみると、「強度行動障害」という名称は広く認知されるようになってきました。そして、最近では、「強度行動障害のある○○さん」と呼ぶ支援者に出会うことが増えています。しかし、「強度行動障害」は、その人の状態（**図1-1**）を表す言葉であり、そのような状態にある人の生活上の困難さを想像すると、私たち支援者は「強度行動障害の○○さん」と安易に呼ぶことは控えるべきだと考えます。そう呼ぶことは、支援の対象となる相手にある種のラベリングを行うことです。「○○さん」ではなく、「強度行動障害のある○○さん」という固定した評価が加わることで結果的に本人の権利侵害につながるリスクを高めるという意識を、支援する側はもちつづける必要があります。

次項では、行動上の課題がみられている状態である「強度行動障害」について、これまでの施策や支援の経過をたどりながら支援の考え方について整理していきます。

## 2 日本における強度行動障害の支援の沿革

### 1 「強度行動障害」定義の整理

「強度行動障害」という用語が初めて用いられたのは、1989（平成元）年の行動障害児（者）研究会による報告書「強度行動障害児（者）の行動改善および処遇のあり方に関する研究」（財団法人キリン記念財団）です。この報告書が発出された頃は、熱意のある支援者が模索しながら取り組んださまざまな方法論が世間にあふれている状況で、現在のように一定の根拠に基づく標準的な支援の方策はまだ整理がなされていない時期でした。当時、報告書で示された定義は、以下のとおりです。

**強度行動障害とは……精神科的な診断として定義される群とは異なり、直接的他害（噛み付き、頭突き等）や、間接的他害（睡眠の乱れ、同一性の保持等）、自傷行為等が通常考えられない頻度と形式で出現し、その養育環境では著しく処遇の困難な者であり、行動的に定義される群。**
**家庭にあって通常の育て方をし、かなりの養育努力があっても著しい処遇困難が持続している状態。**

報告書のなかで「診断として定義される群とは異なる」ということと「行動的に定義される群」と整理をされたことは、強度行動障害のある人への支援を検討するうえでの大きなポイントです。

「精神科的な診断ではなく行動的に定義」とされたことで、強度行動障害は生まれもっての障害ではなく、「行動が現れている状態を指す」ということが確認されました。強度行動障害は状態であるため、周囲の環境や支援によって、強くなったり弱くなったり、現れたり消失したりするというとらえ方の根本となったといえます。

1990年代は、強度行動障害という状態は専門的な知識と技術、ハードを兼ね備えた施設での対応が適切であるという考え方が主流にあり、強度行動障害に関連する体制整備は国の事業として一部の特化した施設での支援を後押しする制度となっていました。この一部の特化した施設での支援を経てもともと生活をしていた地域に戻ったときに、強度行動障害の状態が再度現れてしまう多くの事例があったのも現実でした。しかし、この全国的な研究の報告書が契機となり、国の制度として強度行動障害に関連する課題に着手をしていくこととなったのは事実ですし、これ以降の経過をみても大きな意味のある施策であったといえます。

## 2 大きな転換期――措置から契約へ

その後2000年代に入ると、障害福祉は大きな転換期を迎えます。従前は措置として行われていた福祉サービスが、利用者との対等な立場に基づく契約制度へと変化していきました。この「措置から契約へ」の流れのなかで、障害のある人が選択できるサービスが制度として整備されたことは、それまでの枠組みとは異なり、「施設」という選択だけはなく、地域のなかでさまざまな資源を活用しながら生活をすることの後押しになったといえます。強度行動障害に関連する施策も、従前の施設入所に必要なものから地域での生活に必要な支援にメニューが増えていきました。暮らしの場としてのグループホームの整備や地域での生活をより充実させ、継続するための行動援護や重度訪問介護などのサービスが確立することで、個別のニーズにすべて応じることは難しいかもしれませんが、強度行動障害のある人を支援する仕組みは整いつつあります。

2012（平成24）年以降、障害者虐待防止法（障害者虐待の防止、障害者の養護者に対する支援等に関する法律）の施行に伴い、全国規模で実施されている虐待や権利侵害に関連する調査結果が報告されるようになりました。その調査結果によると、虐待を受けた人は知的障害のある人の割合が高いことが明らかになっています。虐待を受けた知的障害のある人のうち、とりわけ行動障害のある人（強度行動障害の状態にある人）が多数を占めることが報告されています。行動障害のある人は知的に障害のある人のなかでもごくわずかであるにもかかわらず、虐待を受けた人に多く含まれています。すなわち、強度行動障害の状態にある人が虐待や権利侵害を受けやすいということが数値として明らかになりました。これは、強度行動障害の課題に対して背景となる障害特性の理解と環境との調整が十分に図られていない、そして十分な環境の調整が図られていたとしても対応の困難さがある、という二つの側面を示しているともいえます。

このような状況を受け、強度行動障害の基本的な知識と対応の流れをできるだけ多くの支援者が正しく理解し習得することが急務とされ、強度行動障害支援者養成研修（基礎研修・実践研修）の全国的な展開へとつながったのです。

## ③ 支援の考え方と強度行動障害支援者養成研修

強度行動障害のある人への支援は先にふれたように、法制度の変遷もくみながら一部の特化した施設での支援から地域の事業所で幅広く支援をするという経過をたどってきています。もちろん先駆的に取り組んできた事業所では根拠に基づいた支援のスキーム（枠組み）が整っているでしょうが、強度行動障害のある人への支援に新たに取り組もうとする事業所にとってはまだまだ負担感が大きいかもしれません。誤った方策を取り入れて継続していくことで、強度行動障害のある人への支援がうまくいかないだけではなく、重大な権利侵害につながる事例になるかもしれません。それをふまえると、新たに支援に携わるスタッフは必要最低限の標準的な知識と対応の流れを知っておく必要があります。

2014（平成26）年から開始された強度行動障害支援者養成研修は、基礎的な知識を学ぶ研修として位置づけられています（**図1-2**）。研修の普及とともに、事業所内で複数名の職員が同じ研修を受講する機会が増えたことで、基本的な支援

**図1-2　強度行動障害のある人の支援にかかる主な研修と難易度**

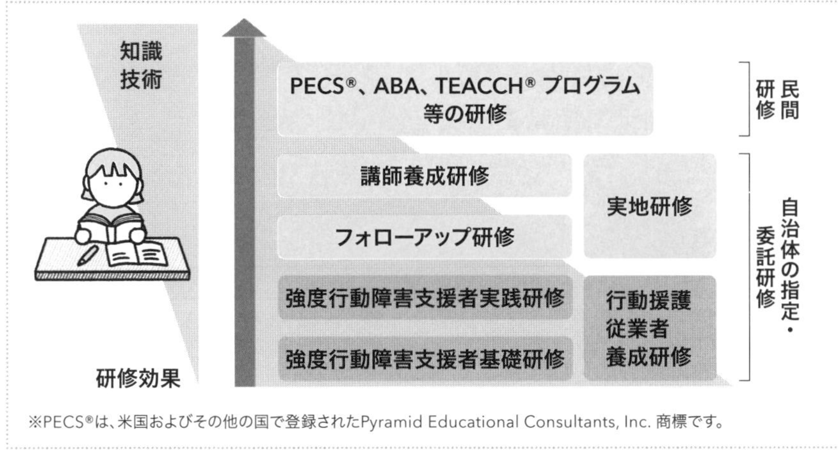


※PECS®は、米国およびその他の国で登録されたPyramid Educational Consultants, Inc. 商標です。

出典：特定非営利活動法人全国地域生活支援ネットワーク監,牛谷正人・肥後祥治・福島龍三郎編
『強度行動障害のある人の「暮らし」を支える―強度行動障害支援者養成研修［基礎研修・実践研修］テキスト』
中央法規出版,2020年,p.30を一部改変

が事業所のなかで定着しやすくなることも、研修受講の効果の一つとしてあると考えています。

## 1　強度行動障害支援者養成研修が目指すこと

強度行動障害支援者養成研修の意義としては、データにより明らかになった強度行動障害のある人への虐待や権利侵害の実情を改善していくことがあります。強度行動障害のある人にかかわる支援者は、「行動の激しさゆえに支援の方策が見当たらない」「何から手をつけていいのかわからない」など、支援を進めていくうえでたくさんのストレスやジレンマと向き合います。そのようなストレスやジレンマを改善していくためには、起こる問題にやみくもに対処していくのではなく、障害特性やそれを背景とした行動についての理解が必要不可欠となります。そのような基本的な学びを効果的に獲得できるように構成されたのが、現在のプログラムです。

研修の講義でもふれられているように、強度行動障害の状態にある人は「困った人」ではなく、「困っている人」であるということを前提に、障害のある本人が

変わるのではなく、支援者を含む周囲の人、あるいは社会全体のとらえ方が変わっていくことが求められます。そのために、変わるきっかけとなる学びの場は必要です。私たち支援者は研修を受講することで学びのきっかけを得るだけではなく、理解をより深め、実践につなげるために学びつづけることが不可欠です。たとえうまくいかないことがあったとしても、学びつづけ、かかわりつづけることこそが本人に近づいていく手段なのではないでしょうか。

また、強度行動障害支援者養成研修では、「強度行動障害という状態になっている人・なりやすい人が地域のなかで安心して幸せに生活すること」が最終目標に掲げられています。この目標からも読み取れるように、強度行動障害のある人への支援とは、行動の改善をゴールとするのではなく、強度行動障害の状態にあることで参加の機会や本来行使できる権利を行使できない人のよりよい暮らしを考えていくことだといえます。

このような支援理念をより多くの人が理解していくためには、まずは研修の受講が必要不可欠となります。この研修の受講が重度障害者支援加算（体制加算・個別加算）等の算定要件として設定されたことで、研修の受講者数の増加につながっています。法制度においても、強度行動障害のある人への支援、そして権利擁護を推進するというテーマは大きな課題であることを示しているといえます。この研修を受講することで得られた加算は、支援をするスタッフがより充実した研修を受講するための費用を捻出するほか、事業所内での障害特性に見合ったハード面の費用など支援の充実のために充当されるのが望ましいと考えます。

## 2 強度行動障害支援者養成研修の成り立ち

2013（平成25）年度の障害者総合福祉推進事業において「強度行動障害支援初任者養成研修プログラム及びテキストの開発について」としてテキスト開発を目的とした検討が行われました。研修プログラムは、「基本的な支援の枠組み」（①構造化された環境の中で／②医療と連携（薬物療法を活用）しながら／③リラックスできる強い刺激を避けた環境で／④一貫した対応をできるチームを作り／⑤自尊心を持ちひとりでできる活動を増やし／⑥地域で継続的に生活できる体制づくりを）を中核として開発されました。その後も2014（平成26）年度の障害者総合福祉推進事業の「強度行動障害支援者養成研修（実践研修）プログラム及びテキストの開発について」において実践研修テキストの開発が検討され、現在の研修体系の基礎が整っています。

2018（平成30）年度の障害者総合福祉推進事業の「強度行動障害支援者養成研修の効果的な研修カリキュラム及び運営マニュアルの作成に関する研究」では、従前より実施されていた行動援護従業者養成研修との整合性を図るとともに運営上の課題や全国各地の自治体独自の工夫を把握し、より学習効果を高めるためのカリキュラムの検討がなされました。2019（令和元）年のモデル研修を経て、2020（令和２）年度の指導者研修から現行のカリキュラムでの研修が実施されています。

現行のカリキュラムでは、さまざまな事業形態から経験年数も幅広い支援者の受講を想定しています。基礎研修修了者は「計画された支援の根拠を理解し、決められた手順どおりに支援をすることができる」ことを到達点とし、実践研修修了者は「チームの動きをイメージし、支援の手順を考えて文章化する。また、支援結果に合わせ、支援および手順の修正をすることができる」ことを到達点と位置づけ、基本的な理解を中心とした構成となっています。特に、基礎研修は「支援経験０年０か月の受講者」を想定し、研修内では専門用語を用いずに平易な表現とすることや体験メニューを加えることで理解を促す内容となっています。研修のなかで平易な表現を用いることは経験のある支援者であれば物足りなさを感じるかもしれませんが、この研修が標準的な支援の裾野を広げるという目的であることをふまえると一定の効果があると感じています。また、研修カリキュラムの検討の段階から強度行動障害のある人への合理的配慮という視点を根底においているため、強度行動障害のある人にかかわる支援者にとどまらず、対人援助に携わる基本的な姿勢を学ぶことにもつながっているカリキュラムであるといえます。

## 3　強度行動障害支援者養成研修の概要

情報収集・整理をふまえて支援手順を検討して支援手順書を作成し（Plan：計

画)、支援の実施と実施した内容を記録する（Do：実践)。記録を分析し支援を評価し（Check：評価)、支援を改善する（Action)、という支援の提供プロセスを把握するためにも研修全体のストーリー性を重視した構成となっています（**図1-3**)。

**図1-3　支援の流れとPDCAサイクル**

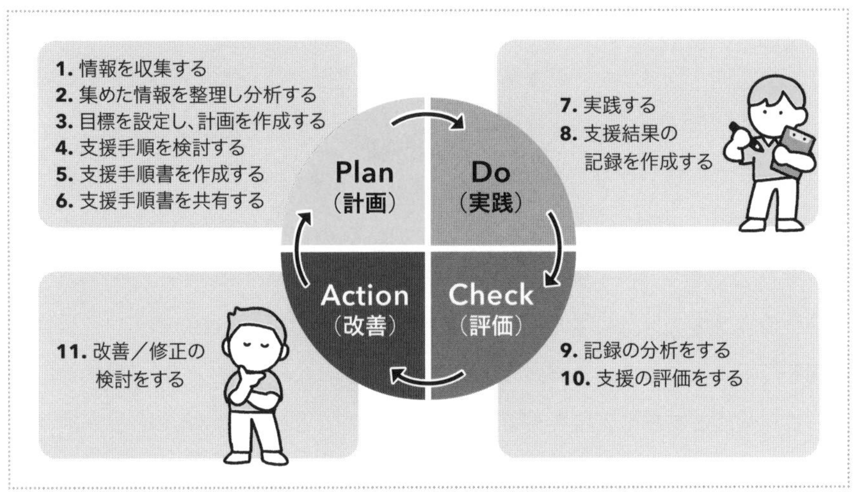


出典：特定非営利活動法人全国地域生活支援ネットワーク監,牛谷正人・肥後祥治・福島龍三郎編『強度行動障害のある人の「暮らし」を支える―強度行動障害支援者養成研修［基礎研修・実践研修］テキスト』中央法規出版,2020年,p.16を一部改変

## 1 基礎研修の特徴

支援経験0年0か月の初任者への研修効果を高めるために研修内ではさまざまな工夫や配慮がなされていることもこの研修の特徴としてあげられます。

基礎研修の「演習1　強度行動障害の理解：困っていることの体験」は、強度行動障害のある人が困惑しやすい状況を疑似的に体験する内容とし、どのような周囲の環境によって見通しがもてずに不安や緊張を与えるのか、期待される役割を果たせないことがどれだけ自己肯定感の妨げとなるのかを体験します。このプログラムでの体験を通じて「どのようになっていたらよいか」と感じた事柄は、現場の支援で補っていくことそのものとなりますので、受講者には気づきの多い時間となっています。

支援の提供プロセスを体験するプログラム（基礎研修：演習３・４、実践研修：演習１～３）では、準備された複数の演習シートに記入をしながら着眼点を確認していく仕立てとなっています。

基礎研修では、見えたままの行動を書き出し、どのような特性が行動に影響しているかを関連づけて確認していく作業のなかで、行動の課題に対して主観的ではなく、客観的にとらえることの重要性に気づくことができます。また、複数の補助シートを用いて氷山モデルを完成させるプログラムでは、シートに沿って記入を進めていくことで、混同しがちな「本人の障害特性」と「本人をとりまく環境や状況」を書き分けることができるようになっています。強度行動障害の問題を考えるときには障害特性と環境とのミスマッチをどのように解消していくのかは重要ですので、支援者が着目しておきたい点を整理するためにも有効です。

## 2 実践研修の特徴

実践研修では、基礎研修で確認した補助シートを活用しながらアセスメントの視点を振り返ります。これは基礎研修と重複する作業でもあるのですが、実際の支援現場においてどれだけ支援の経験があったとしても、予測だけでは正確なアセスメントとなりえないことが多くありますし、チームで支援を継続していくときにも行動の評価は欠かすことのできない手順です。そして、アセスメントをくり返すことで少しずつでも本人に近づいていく過程は、支援者が支援者として仕事をしていくうえでの意義にかかわることだと考えています。実際の支援現場で支援手順書を活用する際も、アセスメントに基づくことで支援者がしてみたい支援ではなく、本人の障害特性と環境とのミスマッチに働きかけるための支援になっていきます。ひいては支援の成功率を高めることにつながりますし、強度行動障害の状態にある本人だけでなく、かかわる支援者の負担軽減にもなるでしょう。本人の行動や興味・関心の対象は日々変化していきますので、支援手順書は「一度作って終了」ではなく、実施した結果どうであったかの振り返りと修正が必要です。

このように実施した結果を客観的に正しく把握するためには、日常的な支援の記録が欠かせません。研修でも記録を確認したうえで支援手順書の見直しを行います。見直しに際しては、直接観察を中心としたインフォーマルな情報だけではなく、フォーマルな評価（ADOS-2、PEP-3、TTAPなど）に基づく点も押さえておきたいポイントです。フォーマルな評価ができる機関が少ないことは現実問題としてあるのですが、フォーマルな評価で注目する点や合格・不合格だけではなく、少しの手助けがあればできる「芽生え反応」という視点に着目するといったポイントを知っておくことは、本人の理解を進めるうえで役立つ場面も多くあります。

## 3 本人の強みを考える

基礎研修・実践研修ともに、行動の評価に基づき障害特性と環境の把握を行い必要なサポートを整理するのですが、支援のアイデアを考えていくうえでは本人の「強み」と「活かせそうな場面」を中心に検討を進めていきます。この考え方は実際の支援現場でも有効で、行動上の課題への対応を検討するなかではさまざまな強みを活用できます。強みと弱みは表裏一体ですので、たとえば、「特定の物に固執して動けない」という行動があったときに見方を変えれば、「興味関心のあることには集中できる」という強みにとらえることができます。この強み（ストレングス）に着目する視点は一般的な行動だけではなく、行動上の課題に該当するものであっても、自身で表現ができるという強みにとらえなおすことが可能かもしれませんし、現れている行動は本人が表現できる方法の一つであるととらえるとその見え方も変わってくるかもしれません。支援者の行動への見え方が変わることで行動のとらえ方や支援の展開に変化がみられることもあります。また、この「強み」のなかには本人だけではなく、周囲の環境面も含まれます。本人の行動の意図を理解しようとする支援者が存在していることも、本人の強みととらえることができますので、私たち支援者が特性を理解し、寄り添いつづけることはやはり大切にしていきたいと思います。

実際の支援現場を想定して、動画教材を用いた演習を採用していることも研修の特徴としてあげておきます。架空の事例を役者が演じているのですが、ストーリー性を重視した構成となっており、支援の手順を確認していくことが可能です。

もちろん支援現場では動画教材のようにはうまくいかない事例もたくさんありますし、研修で取り上げる資料だけでは把握できないことも数多くあります。しかし、強度行動障害という状態に対してやみくもにかかわりつづけることは、かえって状態を悪化させる場合もありますし、ある支援者はできるけれども別の支援者だとうまくいかないということも起こりえます。支援を長く継続していくためには、チームのなかで共通言語をつくり、共通認識をもっていくことは必要だと考えます。

## 4 強度行動障害支援者養成研修の課題と今後

強度行動障害支援者養成研修は、前述のとおり、強度行動障害のある人の権利を擁護するために標準的な支援ができる支援者を増やしていくことを目的として、基本的な情報を中心に組み立てられています。そのため、強度行動障害のある人へ十分な支援を届けるには、都道府県によってはすでに着手をしている地域もありますが、より理解を深めるためのフォローアップ研修が必要であると考えます。

関連した事柄として2022（令和４）年度の「強度行動障害を有する者の地域支援体制に関する検討会」の報告書の「支援人材のさらなる専門性の向上」の項目で、現場において適切な支援を実施し、組織のなかで適切な指導助言を行う「中核的人材（仮称）」と強度行動障害に関する専門的知見をもち中核的人材（仮称）に指導助言を行う「広域的支援人材（仮称）」の育成が明記されました。今後の展開には注目しておきたいところです（p.187参照）。

強度行動障害に関連する支援体制と人材育成に関して、実際に支援の展開をしていくうえでは一人の支援者が核となって動く場合が多くあると思います。しかし、支援が困難な事例に対しては事業所内における人員配置やハードの整備に関連する予算立て、行動障害が顕著にあらわれている人への支援体制を充実させるために、事業所を越えた多職種との連携など、施設管理者の判断が必要なことも多くあります。管理者は、本人や家族、支援を継続しているスタッフの気持ちを考えると、非常に厳しい判断をしなければならない場合もあります。そういった視点で事業所運営を見ると、直接支援に携わる支援者の養成だけではなく、施設の管理者に対する研修のあり方もより丁寧に進めていく必要があると考えます。

強度行動障害のある人の支援において困難なことはもちろんありますが、本人を支える支援者もやりがいをもって、相互に共感をしながら取り組みつづけることができる支援現場であるためには、体系化された研修が重要な役割を担うと考えています。

## 4 強度行動障害と関連の深い障害特性

強度行動障害のある人への支援のあり方が検討されるなかで、調査における統計結果もふまえて主な対象となったのは重度の知的障害を伴う自閉症の人たちでした。言い換えると、強度行動障害に関連する制度や取り組みは、重度の知的障害と自閉症のある人への支援をいかに充実させていくかがポイントになります。行動の背景を考えるときにも自閉症の障害特性と環境との関係を見ることが重要ですし、障害特性ゆえに表出する行動の特徴も含んでおくことで行動の真因に迫ることにつながります。

以下では、強度行動障害に関連の深い「自閉症（自閉スペクトラム症）」と「知的障害」についてあらためて確認をしていきます。

### 1 自閉スペクトラム症について

これまで、自閉症、広汎性発達障害、アスペルガー（Asperger）症候群などの名称で呼ばれることがありましたが、2013年のアメリカ精神医学会の診断基準DSM-5の発表以降、自閉スペクトラム症（Autism Spectrum Disorder；ASD。以下、自閉症）として表現されることが一般的となりました。特徴としては、人との関係をうまくつくることやコミュニケーションが難しいこと、特定の事柄への興味・関心が強くみられることなどがあります。

実際の生活で考えてみると、コミュニケーションに基づく対人関係がうまくつくれないことに関連して、相手の立場にたった立ち振る舞いや行動ができず、他者から見ると特異な行動で表現をしてしまうことがあります。また、興味の幅が狭いことも兼ね合わさるため、気になることに強く意識が向いてしまい、周囲の人が一般的には気にならない「ファスナーが少し開いているかばんを見つけて相手の了解を得ずに閉めてしまう」などの直接的な行動を用いて確認する場合もあります。このような、本人が何かを伝えるための精一杯の行動が、自身や物を傷つけてしまったり、他者が不快感を抱いてしまったりするなど、結果的に生活に何らかの影響が出てしまいます。そのことを私たち支援者は把握しておき、客観的に落ち着いた視点をもってかかわっていくことが望ましい姿勢だと考えます。

## 2 知的障害について

知的障害は法律上で明確な定義はなく、「発達期まで（概ね18歳まで）に生じた知的機能の障害によって、知的能力と社会生活への適応機能に遅れが生じており、日常生活における困難を抱えている状態」を指します。知的機能の障害が生じる原因はさまざまで、先天的な原因だけではありません。知的障害は、知能指数（IQ）の数値によって、軽度、中度、重度、最重度で示されることが一般的です。

この知的機能の障害を強度行動障害と関連づけて考えてみると、先にふれた自閉症の特性に合わせて知的能力の制限が加わることで、言語や文字などではなく、より直接的な行動での表現につながりやすいといえます。また、言語理解の制限を伴うために、社会生活での適切な行動を学習しにくいという点は、行動上の課題の改善に大きな影響を与えることとなります。

また、一方で「適応機能に遅れが生じている」点に関して、成長しないということではないと考えておく必要があります。生活の場面だと能力に合わせたわかりやすい情報の提示や、能力的に可能な表現の方法を伝えることで自立的に取り組めることは増えていきます。本人の能力や理解のしかたに合わせた環境の設定が社会への適応能力につながることもありますし、何より自身の肯定感につながることも多くあります。

## 3 その他／関連する特性と背景

強度行動障害と関連する特性として多い知的障害と自閉症について述べてきま

したが、知的障害と自閉症があるから強度行動障害の状態になるということではありません。強度行動障害の状態にある人のなかにはダウン症の人や、愛着形成の課題を抱えた人もいて、その行動の現れ方もさまざまです。

先にもふれたとおり、強度行動障害は「障害特性」と「周囲の環境」とのミスマッチから生じる状態です。どのような特性があったとしても、支援のあり方を含む周囲の環境が本人にとって適切に整っていれば、強度行動障害の状態は軽減することもあれば消失することもあります。反対に周囲の環境が整わなければ、その状態はより強くなってしまう場合もあります。

実際の支援現場に当てはめて考えると、一般的な特性ということだけで整理できる問題ではなく、個別の生活状況や興味・関心によって行動の現れ方や課題となる点は変わってきます。ですので、一律に強度行動障害のある人に通用する手立てはなく、一人ひとりの特性や生活状況に合わせた個別の配慮や支援が必要となります。この個別に合わせた方法は、支援者が感覚的に探るのではなく、障害特性や対応方法、環境調整のしかたを正しく理解したうえで、客観的なデータに基づき、かかわるすべての人が一つのチームとなって取り組みつづけることが大切です。

このような支援のプロセスは強度行動障害の状態を改善し、本人にとってのよい暮らしをつくり上げていく近道になります。


参考文献

- 独立行政法人国立重度知的障害者総合施設のぞみの園「(平成25年度障害者総合福祉推進事業)強度行動障害支援初任者養成研修プログラム及びテキストの開発について　報告書」2014年
- 独立行政法人国立重度知的障害者総合施設のぞみの園「(平成26年度障害者総合福祉推進事業)強度行動障害支援者養成研修（実践研修）プログラム及びテキストの開発について　報告書」2015年
- 独立行政法人国立重度知的障害者総合施設のぞみの園「(平成30年度障害者総合福祉推進事業)強度行動障害支援者養成研修の効果的な研修カリキュラム及び運営マニュアルの作成に関する研究　報告書」2019年
- 厚生労働省「強度行動障害を有する者の地域支援体制に関する検討会　報告書」2023年

# 第2章

# 支援のヒント・アイデアが見つかる9のエピソード

第２章では、強度行動障害のある人を支える支援者たちにエピソードを綴ってもらいました。どのエピソードにも、現場のリアルや共感がつまっています。
さらに、強度行動障害のある人を支えてきた経験豊富な先輩たちに、それぞれの視点から支援者に向けたアドバイスをまとめてもらいました。
強度行動障害のある人を支えていくためのヒントやアイデア、そしてしなやかなマインドセットを感じてほしいと思います。

**コメントするのは…**

**先輩A**

50代男性。強度行動障害のある人を支援して23年。趣味は将棋。座右の銘は「文武両道」。現在はグループホームに勤務。

**先輩B**

40代男性。強度行動障害のある人を支援して24年。趣味はランニング。座右の銘は「千里の道も一歩から」。現在は障害者支援施設に勤務。

第2章のエピソードは、執筆者が実際にかかわった支援例をもとにまとめたものです。事例中の名前はすべて仮名です。

エピソード1
強度行動障害の理解

# この仕事を通して感じたこと・やりがい

**PROFILE**

- 強度行動障害のある人の支援をはじめて10年。現在は、グループホームに勤務。
- 好きなもの（こだわり）は、スポーツ観戦（特にサッカーが好き）。

## 福祉を目指すきっかけ

私は、学生時代に発達障害のある子どもたちにかかわるボランティアに参加し、アスペルガー症候群、学習障害、注意欠陥多動性障害（ADHD）等の特性がある子どもたちと出会いました。保護者が勉強会に参加している間にプレイルームで一緒に遊んだり、プール、キャンプ、スケート等さまざまなイベントに一緒に参加したりするなかで子どもたちのいきいきとした表情や成長していく姿を見ることができ、子どもたちと会えることが毎回楽しみでした。

しかし、普段の学校生活ではうまくいっていなかったり、いじめられていたり、周囲から冷たい目で見られることもあったりと、**たくさん悩んで生きづらさを感じている現実があると知り、障害のある人の何か力になりたい**と思い、障害福祉分野の仕事を志しました。

先輩A
いい気づき！
とても大切な動機ですね。

現在は、障害福祉分野の仕事に就いて10年になりました。生活介護、放課後等デイサービス、グループホーム等の仕事を通じてこれまでたくさんの出会いがあり、さまざまな経験をすることができました。

### 笑顔が素敵なタケシさん

生活介護で出会った強度行動障害のあるタケシさんは、水への意識が強く、水道の蛇口から多量の水を飲んでしまうことや、聴覚に過敏な特性がありました。**ある特定の利用者の声や周りが騒がしい環境、騒音（工事の音、鳥の鳴き声、雷の音など）が特に苦手**で、自分の頬を叩く、髪を引っ張るといった自傷に加えて、他者への他害へ発展することもありました。また好調のときと不調のときとの差がはっきりしていて、好調時はとても落ち着いて集団での活動にも参加できるのですが、不調時は表情が固い、不快そうな声を出すことが増える、待てない、周りの刺激に過敏に反応することが増え、小集団での活動も難しく、個別での活動を組み立てていました。不調になる周期が以前はあったのですが、私がかかわるようになってからは、**不調の周期もバラバラになり、不調の状態が数か月も続くときがありました。**

感覚（聴覚）の過敏さが生活に影響することは多いですよね。

周期が崩れるときは生活全般に目を向けた慎重な見守りが必要だと思います。

ある日、自宅から外へ出ることができなくなり、事業所へ通えない状態にまで陥りました。**すぐに事業所に行くことを目標にはせず、まずは家から出て活動することからはじめ、本人のペースに合わせて、少しずつ外に出て個別の活動ができるようになりました。**事業所へは、人の少ない時間帯、相性のよくない利用者と会うことがないように環境を調整して、少しずつ事業所で過ごす時間・機会を増やしつつ、事業所内で活動ができるようになりました。

ポイント！
できるところから少しずつスモールステップした取り組みがうまくいきましたね。

タケシさんと一緒の活動では不調時は大変なときもあり

ましたが、**タケシさんの笑顔はとても素敵です。その笑顔が周りにいる人も明るく笑顔にしてくれます。**普段のなにげないかかわりのなかで、タケシさんが明るい表情を見せてくれたときや軽快な声を聴くと、私自身も笑顔になれるし幸せな気持ちになれました。また、普段の活動に加えて、一緒に街中のお店で食事や買い物をしたり、旅行に行って温泉に入ったりするなどして普段と違う一面を知ることや、さまざまな経験を一緒にできたりすることが何より楽しく、やりがいやモチベーションにつながっています。

先輩A
いいね！
この仕事の楽しい瞬間を味わえましたね。

## 新しいことに挑戦できたヒロシさん

グループホームで出会った強度行動障害のヒロシさんは、言葉でのコミュニケーションは苦手、スケジュール等視覚的な見通しがあることで安心する、変化・変更が苦手、聴覚・触覚に過敏な特性があります。あるとき、ヒロシさんがスケジュールについて拒否をした結果、その活動（入浴、歯みがき）をしなくてもいいという経験をしたことがありました。拒否に対して**すぐに修正することができず、スケジュールを拒否することがルーティンになってしまったことがありました。**変化・変更が苦手なため、ちょっとしたスタッフの動きの違いから不安に感じて、スタッフへの他害が起きたり、居室・ホールの物を倒す、投げるといった行動に発展したりすることもありました。

先輩B
即座に対応ができなかった結果、行動だけがくり返されてしまうことがありますよね。

入浴に関しては他部署と協力し、行動援護を利用して温泉施設の貸切風呂に入ったり、グループホーム敷地内の別エリアに設置された風呂に入浴したりするように組み立て、入ることができるようになりました。

歯みがきに関しては、グループホームだけでなく、通所

先でも拒否が強く行えませんでした。月に1回、幼少期から通っている歯科医院での健診の結果、虫歯の本数が増えているため、全身麻酔をして虫歯治療と親知らずの抜歯を行うことになりました。**変化・変更が苦手なヒロシさんです。全身麻酔での虫歯治療に向けて課題を考えると**、事前に血液・心電図・検尿等の検査がある、PCR検査が必要、治療当日の朝は水・お茶・スポーツドリンク等しか飲めない、普段と違う時間帯に出発しなければいけないのにヒロシさんに伝える方法が確立されていない、治療後は楽しみを設定したほうがいいのではないか等、さまざまなハードルがありました。ヒロシさんが利用している**サービスの関係者で集まり、手段・方法を一つひとつ決めて取り組みました**。事前の検査では、病院側にヒロシさんの特性を事前に伝え、検査の段取りを確認してからスケジュールを作成し、検査が終わった後はヒロシさんの楽しみである“お出かけ”の活動を設定しました。虫歯治療当日の朝の、水・お茶・スポーツドリンク等しか飲めない問題については、普段、薬の苦みの緩和のために提供していたコーヒー牛乳を、**事前にスポーツドリンクを混ぜた服薬に変更して何度か挑戦した後に飲むことができました。**

当日虫歯治療を受けるときは、検査のときと同じように当日の流れを病院側と確認してスケジュールを作成しました。ヒロシさんは不安そうにしてはいましたが、スケジュールに沿って検査を受けることができ、検査後のお出かけのときは、表情も落ち着き、活動を楽しんでいました。ヒロシさんも私たちスタッフも初めての経験ばかりでしたが、事前の検査から当日の虫歯治療まで大きな混乱や不調な行動が出ることはなく、無事に進めることができました。

**先輩B**

本人の特性をふまえてあらかじめ課題を考えておくことは大切です！

**先輩A**

ポイント！
多くの支援者や事業所から支えられることが必要な地域生活支援では、連携して利用者を支えることができるチームづくりはとても大切ですね。

**先輩B**

事前準備とシミュレーションは成功の可能性を高めることにつながりますよね。

今までヒロシさんの変化・変更が苦手なことからつながる他害や物倒し・物投げを避けるため、新しいことになかなか取り組めないでいたのですが、**この経験を通して不安感が軽減され、前向きに挑戦しようと考えることができるようになりました。**また他部署と協力して取り組めたことで、お互いに相談や協力がしやすくなり、ヒロシさんに限らず協力体制ができやすくなったこともよかったと感じます。ヒロシさんにとっても、虫歯治療を行うことができ、歯の痛みが軽減されたのと、病院で採血や検査等を受けることができたため、体調不良時の受診等にもこの経験を活かして、受診の流れを組み立てることができるようになりました。

先輩B
利用者さんから学ぶ姿勢をもちつづけたいですね。

## 利用者とかかわるときに大切にしていること

タケシさんやヒロシさんのほかにもたくさんの人との出会いがあり、その出会いの分だけさまざまな経験を積むことができています。私が障害のある人とかかわるうえで大切にしているのは、**自分自身も一緒に楽しむことと、行動だけに着目せずにその行動の意味やその行動のメッセージを考えるようにすることです。**

先輩A
いい気づき！
表面的な行動ではなく、行動の背景に意識を向けることができていますね。

日々の生活のなかで、本人が「楽しい」「うれしい」と思える活動や瞬間が少しでもできるように、支援の工夫や組み立てを行うことでその人らしく楽しく生活できるようにサポートを続けたいと考えています。**そして私自身も一緒に楽しみたいと思います。**対応が難しい行動が現れた際も、行動だけに着目せずに本人の思いをくみ取り、寄り添えるように心がけ、日々のなにげないかかわりやコミュニケーションを大切にしていきたいと思います。

先輩B
いいね！

# かかわるよろこび
## ――なぜ強度行動障害のある人を支えるのか

### はじめに

私は学生時代のボランティアをきっかけに障害のある人たちやその家族と出会い、障害のある人たちの魅力や支援のやりがいを感じ、障害福祉の道に進むことにしました。

強度行動障害のある人とのかかわりは、立ち上げた法人で行動援護のヘルパーとして一緒に出かけはじめてからですので、17年ほどになります。今は生活介護やグループホームでも強度行動障害のある人たちとかかわっています。

### 自分の過信による支援

これまでの支援のなかで私が今でも忘れられない出来事があります。

通所事業所での外出活動で、３人の利用者とドライブで公園に行きました。３人とも重度の知的障害があり、そのうち２人には自閉症もありました。当時は「自分だったら大丈夫」という自信もあり、一人で対応をしていました。

公園を散歩していると、ケンタさんが「トイレに行きたい」というサインを出しました。外出先でトイレに行きたくなるのは想定外だったのですが、その公園にはトイレがなかったので、車で少し離れたショッピングセンターに行くことにしました。ショッピングセンターに入り３人と一緒にトイレに向かっていると、それぞれペースが違い、だんだんと距離が離れ始めました。私は焦って声をかけたりしながら何とか一緒に行動しようとしましたが、そのうちハジメさんが見当たらなくなってしまいました。すると、だいぶ離れたところで男性の大きな怒鳴り声が聞こえました。「もしや」と思って他の２人の利用者の手を引きながら近づいていくと、ハジメさんがベビーカーのなかで泣いていた赤ちゃんを叩いてしまい、お父さんがすごい剣幕で怒っているところでした。私はその場でとにかく平謝りをして、何とか連絡先を聞いて早々にその場を後にしました。後日、ハジメさんの家族と一緒に謝罪にうかがいました。事情を話すと「そういうことなら」と理解して許してもらうことができましたが、ハジメさんにとっては、そのときの状況でやむにやまれずとった行動でもありました。支援者である自分の過信と配慮不足で、相手の方やハジメさん、家族につらい思いをさせてしまい、20年ほど経った今でも反省している支援です。

## 本人の立場にたつ

20年前には、まだ自閉症支援が福祉の現場であまり広がっていませんでした。私も利用者を大切にしたいという気持ちは強かったのですが、どちらかといえば自分の経験や勘に任せたような支援をしていました。その後、自閉症支援の情報にふれたり学んだりできる環境が広がってきたことで、私も自閉症支援の研修を受講し、自閉症支援にかかわる人たちと出会い、支援の新しい視点を学ぶことができるようになりました。

**自閉症支援の基本は特性理解だといわれます。自閉症の特性をふまえて自閉症のある人たちの行動を見ると、その行動の理由がわかってきます。**

私も今でこそ自閉症のある人たちのいろいろな行動と特性を結びつけて考えることができますが、自閉症支援について学び始めた頃は、「自閉症の特性」といわれてもすぐにピンときませんでした。それまでの自分の経験からくる知識や感覚にとらわれすぎて、人の行動について自分の基準でしか考えることができなかったからだと思います。

しかし、自閉症の特性について何度も聞いたり考えたりするうちに、表出される本人の行動は自閉症の特性からきていること、その行動は本人なりの理由があること、本人からするとそうせざるをえない行動であることが理解できるようになっていきました。

先ほどのショッピングモールでのエピソードも、ハジメさんからすると「なぜショッピングモールに来なければいけないのか」想像がつかなかったり、「いつまでここにいなければいけないか」見通しがつかなかったり、赤ちゃんの大きな泣き声が耳に刺さるような苦しさだったので、「どうにかして!!」と誰かに伝えたくて泣いている赤ちゃんを叩いてしまったのだと思います。

このように、**本人の行動は私たちからすると「困った」と思うこともありますが、自閉症の特性をふまえて本人の立場にたって考えると、「そうだよなぁ」「それはきついね」「わかりにくいよね」と思うことがほとんどです**。

たとえ自分には想像できないような行動でも、その人なりの理由があるととらえられるようになったことは、支援者としてとても大きな変化でした。

ただ、本人なりの理由があるとわかっていても、対応が難しかったり、どうしていいかわからないことがあったりするのが、強度行動障害のある人たちへの支援の難しさや奥深さだと感じています。

## いいことも悪いこともストレート

重度の知的障害と自閉症のあるマサヒロさんは、ときどき大きな声を出したり、建物を飛び出そうしたりすることがあります。本人はカレンダーやスケジュールで予定はわかっているようですが、気になることがあったり、自分のなかで整理ができていなかったりすると、行動として出てしまうようです。マサヒロさんがそのような行動をするときには、支援者の間に緊張感が走ります。あまりにも大声が続くときや、飛び出そうとする勢いが強いときには、本人や他の利用者の安全を考えてマンツーマンで対応をしています。

しかし、対応が必要な行動が続いたかと思うと、ある瞬間からいつものように部屋でパソコンを見て楽しそうに過ごしているときがあります。その極端な行動の切り替えに、周りは驚いたり拍子抜けしたりしますが、本人はいたって普通です。

嫌なときや不安なときにはこちらが心配するぐらいの行動で気持ちを表し、楽しいときやうれしいときにはこちらもうれしくなるようないい表情や行動で表すマサヒロさん。**自分の気持ちをどんなときにもストレートに表し、くよくよ引きずらずに気持ちを切り替えられるところが、人としての“素”を感じさせてもらっている**ように思います。

強度行動障害のある人たちは、何かしらの理由で自分がきついときには難しい行動（手が出る、物を投げる、物を倒す、大きな声を出すなど）で気持ちを表すことがありますが、いつもそのような行動をとるわけではありません。

対応が難しい行動は支援者にとって大きなプレッシャーになります。難しい行動に対応する大変な時間を体験すると、そのことが頭から離れなくなり、その人をただ「大変な人」だと思ってしまうこともあります。

しかし、よく考えてみると、難しい行動も24時間続いているわけではなく、生活のなかのある場面やある時間に起こっていることも多いことに気づきます。それ以外の時間は落ちついて過ごしていて、本人の穏やかな表情やなにげない行動に和んだり、癒されたりすることもよくあります。そのような本人の穏やかな様子を見ることは、私たち支援者にとって大きな喜びです。

支援をするうえで、私たちが**困ったと思ってしまう行動だけを見ずに、穏やかなときの本人の様子や、その人のいいところや楽しいエピソードな**

**ども取り上げて、「困った人」ではなく「こんないいところがある○○さん」としてかかわっていくことができればいい**と思います。

## うれしい瞬間のために

福祉の現場は日常的にこなす業務も多く、慌ただしく日々が過ぎていきます。直接の支援に加えて、送迎をしたり、記録を書いたり、面談をしたり、個別支援計画を作成したり、それに会議も……。

さらに強度行動障害のある人たちの支援においては、準備や片付けに時間がかかりますし、ケース記録や業務日誌以外にも行動記録を書いてまとめる必要があります。また、研修を受けることも欠かせません。

何よりパニックなど対応が難しい行動が起こると、何はさておきその行動に対応しなければいけません。対応が長引いたり、その行動の理由や対応方法がわからなくなったりするときは、体も頭もだんだんと疲れてきて、日々の業務に手がつけられないということもあります。

日々の対応に追われていると気持ちの余裕がもてないこともありますが、時には本人と過ごした楽しい時間や支援がうまくいったときのうれしい気持ちを思い出してください。そして、そのことをチームのメンバーに話して共有してほしいと思います。

激しい行動が何度も出ていた人が、ふと振り返ると最近は落ちついた生活をしている。自傷が多くて対応にとても悩んでいた人が、試行錯誤を重ね工夫してきたことで少し自傷が減ってきた――そんな少しの変化をあらためて思い返すと、自分たちがやってきた支援の成果がきちんと出ていることに気づくことがあります。

難しい行動を起こしやすい強度行動障害のある人たちの支援において、**大きな変化や目に見える成果がなくても、その人の生活や活動を支えつづけているというだけですばらしいことです**。一日一日を支えつづけるということは、その人の人生を支えていることでもあり、家族に安心して過ごしてもらうことでもあり、福祉の仕事として大きな価値があることだと思います。

ある人は福祉という仕事について「2割のうれしさのために8割の大変なことをする仕事」と話していました。支援を通じて感じる喜びは、福祉の仕事でなければ経験ができないものです。ましてや、強度行動障害のある人たちへの支援では、なかなか思ったようにいかないことも多く、先が見えないときもあります。その分、強度行動障害のある人たちとかかわることで感じる楽しさやうれしさ、工夫や時間をかけて見えてくる本人の変化が、私たちに支援の意味をあらためて教えてくれ、私たちを支援者として、人として、成長させてくれると思います。

### 先輩からの一言

- **特性を理解して本人の立場にたつと、その人の行動の意味がわかってくる。**
- **強度行動障害ある人たちはいいことも悪いこともストレートなので、人としての“素”を感じることができる。**
- **強度行動障害のある人たちの支援は、一日一日を支えているだけで大きな価値がある。**
- **2割のうれしさのために、日々の大変なことにも前向きに。**

エピソード2
支援のアイデア

# 一人ひとりに合わせた準備

PROFILE

■強度行動障害のある人の支援をはじめて12年。現在は、生活介護事業所に勤務。
■好きなもの（こだわり）は、醤油ラーメン（どの店に行っても油少なめ、味濃いめで注文するという小さなこだわりがあります!）。

## 強度行動障害のある人にかかわるきっかけ

私が所属する自閉症者地域生活支援センターは、2021（令和3）年5月に開所し3年目を迎えた、利用者の「くらし」（グループホーム）、「しごと」（生活介護）、「よか」（居宅サービス）を支える総合支援センターです。私が担当する生活介護部門では、20名の利用者が活動しています。

私が福祉の仕事を志そうと思ったきっかけですが、恥ずかしながらこの本に書けるような大それたものはありませんでした。しかし、自閉症、強度行動障害のある人とかかわり10年以上が経ちますが、利用者にとってベストな生活を試行錯誤しながら考え、**少しずつ形になり利用者のQOLの向上につながったかなと感じるとき、やりがいとともにこの道に進んでよかったと感じます。**

先輩B
少しの変化をキャッチする感性、大切にしたいですよね。

以下に、強度行動障害を抱える人の暮らしを支えるために進めた、センター開所時のさまざまな支援の工夫を紹介します。

## 開所前の準備—まっさらなキャンパスに描いていく難しさ

準備は、開所の約1年前から開始しました。当時、私を含め、現場のスタッフのなかに事業所の開所を経験したことがあるスタッフはおらず、多くのスタッフが「本当に開所できるのだろうか」などの不安を感じていました。利用者が安心でき、よりよい生活を送れる環境にするためにはどのような準備が必要なのか、**何度も打ち合わせを重ねていきました。** 多くのスタッフが携わるため、共通認識をもち、同じ方向に進んでいくためにも重要でした。

先輩B

スタッフ間で話し合うこと、どんなときも重要ですよね。

### 特性に配慮した環境づくり

まず最初に検討したのが、利用者の過ごすエリアです。一人ひとりの利用者の特性を整理し、利用者間の相性や環境面での配慮点など、くり返しシミュレーションを行いました。

先輩B

利用者の使いやすい環境をつくっていく！
事業所の姿勢がとても素敵です。

#### エピソード1：一人ひとりの特性に応じたエリア分け

20名の利用者が新しい環境で過ごすうえで、誰がどの場所で過ごすか、エリア分けは難航しました。チームとしては、**利用者が安心して強みを最大限に発揮できる環境を形にしたいという思いが強くありました。** 視覚、音刺激に敏感な人、他者との共有が難しい人など、**それぞれの特性を何度も確認しながら、どのようなエリアが最も適しているのかをくり返し検討していきました。** その結果、三つのエリアに分けて環境を整えようと考えました。

先輩A

ポイント！
くり返し検討することで、実際の支援のイメージもできますね。

①**Aエリア**　場の共有が比較的可能で個別化の配慮も必要なエリア

➡オープンエリアの中でパーテーションなどの仕切りで

Aエリア

過ごせる環境を設定

**②Bエリア**　個別化が望ましいエリア

➡半個室を中心としたエリアの中に共有で過ごせる環境を設定

Bエリア

**③Cエリア**　厳密な配慮が必要なエリア

➡防音対策を施した個室、利用者同士の動線が交わらない環境を設定

Cエリア

各エリアには、共有余暇スペース、運動スペース、センソリースペース（聴覚・視覚など感覚過敏の症状がある人が安心して過ごせる部屋）など、目的に合わせた活動空間も用意しました。

エリアづくりで特に大切にしたことは、作業や余暇などの活動で自身の拠点から一歩離れて過ごすなど、**自身の拠点となる場所で活動のすべてを完結するのではなく、動線をどう広げていくかについても積極的に模索しました。**一つの空間で活動のすべてが完結してしまうと、活動の幅が狭まってしまったり、柔軟性が失われてしまったりする危惧があるためです。

先輩B

「暮らしをどのように広げていくか」、どんな場面でも大切にしたいです。

**●エピソード2：日課の黄金比は、安心8：挑戦2**

エリアの全体像が見えてきたところで、次に考えたのは1日の日課です。

エリアづくりの段階からある程度の日課を想定していましたが、ここでは、さらに1日の日課を掘り下げて検討していきました。日課をつくっていくなかで**大切にしたことは、「安心と挑戦」です。**新しい環境においては、今まで行っていたなじみのある活動は「安心」につながります。一方、新しい環境だからできる「挑戦」もあります。この両面から日課の組み立てを考えていきました。ベースとなる

先輩B

いいね！

日課ができあがったら、さらにまた、日課とエリアは妥当なのか、**他の利用者との兼ね合いはどうかなど**についてくり返し検討していきました。

先輩B

個人の活動と場所が他者と融合できるかは事業所内では欠かせない視点ですね。

## シミュレーションは丁寧に

建物完成後の現地でのシミュレーションは、利用者役、支援者役に分かれて、利用者視点、支援者視点で動きを確認していきました。**1日の流れを一人ずつ丁寧に確認していったので、1名の確認で1日が終わることもあり、1週間以上の時間を要しました。**確認するなかでスタッフ間のディスカッションも増え、特性の再確認と新たな気づきにもつながりました。

先輩A

すごい！
一人ひとり丁寧に検討できていますね。

次に利用者の移行前の見学を開始しました。環境の変化は、大きな負担になる可能性があるため、過去に環境の変化を経験したときの情報（学生時代の様子。たとえば、学校、教室が変わったときの様子など）の確認を行い、その人の特性に応じて見学を実施していきました。

### エピソード3：タカシさんの移行準備

タカシさんは、環境の変化が苦手です。過去の情報で、学校が変わった際、数か月間、学校に入れなかったことがありました。その背景には「ここは何をする場所なんだ？」などの不安があったのではないかと推測されました。過去の情報や特性をふまえて、新しい環境が「不安のない、素敵な場所」ということを**移行前に以下のスモールステップを設定して伝えることにしました。**

先輩B

「事前に」「経験に基づき」「少しずつ」、どれも特性に応じた伝え方ですよね。

**STEP 1**　新しい建物の近くを散歩（なんとなく視界にいれる）を数回実施。

**STEP 2**　建物の玄関付近まで行き、荷物を運ぶ。

STEP 3　建物の中で自立課題を1セット行い、リワード（ごほうびのお菓子）を提供し、数分程度の滞在。

STEP 4　建物の中で余暇中心に30分以上滞在。

四つの段階を2週間ほどかけて取り組み、新しい環境に少しずつ慣れていきました。

## 支援は準備で90%決まる

20名の利用者が1か月間で新しい環境へ移行しました。実際の移行は、利用者同士の相性や特性に配慮し数名単位で進めていきました。たとえば、同一性保持の強い利用者が最初に移行してしまうと、移行が進むにつれて環境の変化が気になってしまうかもしれません。そのため移行の順番を後半に設定しました。また、日課に慣れるのに時間を要する利用者は最初に移行するなど、一人ひとりの特性に応じた配慮をしながら進めていきました。入念な準備の甲斐もあり、大きな混乱なく移行を完了することができました。「**支援は準備で90%決まる**」、まさにそれを感じる取り組みでした。

先輩B
いい言葉ですよね。常に心がけておきたいです。

しかしながら、実際に移行して初めて気づくことも多く、所長、課長、現場スタッフで連日振り返りをしながら進めていきました。**修正→再構造化に追われる毎日でした**。今思えば、連日の振り返りでの確認、入念な準備があったからこそ大きな混乱なく移行できたのではと思います。

先輩A
ポイント！
PDCAサイクルをくり返しながらアセスメントが深まっていきますね。

## 現在 ――日々アップデート

移行が無事完了し開所から3年が経過しましたが、いまだに試行錯誤の連続です。

日々、多くの課題に直面していますが、**一人で抱えるの**

**ではなくチームで考えることを意識して行っています。**多岐にわたる業務がありますが、ここでは、支援の部分に特化して紹介します。

先輩B

成果はみんなで分かち合い、課題もみんなで改善に取り組む、そんなチームになりたいです。

### ヒロさんの支援

ヒロさんの場合、他者の鼻水のすすり音、咳、しゃっくりの音などが気になります。音が聞こえた際、耳ふさぎを行い自己防衛をしますが、時には自身の顔を叩く、物を壊すなどの他害も見られます。もちろんヒロさん本人にとって気になる音が聞こえない環境がベストですが、同じエリアに他の利用者もいるため環境上完全に音を回避するのは困難です。そこで対策として、ヒロさんの得意な活動やリラックスできる余暇を多く取り入れたり、新鮮さを保ちつづけたりするために、**定期的（3〜4か月に1回）に日課のリニューアルを行っています。**集中できる活動の導入や新鮮さを保ちつづけることで、周囲の音が気にならないような環境づくりを心がけています。その一部としてヒロさんの好きなアート活動も積極的に行っています。

先輩B

変化は苦手ですが、生活には変化があることを意図的に伝えるのも大切にしたいですね。

### 支援の立案から評価までチームで共有しながら実施

私が所属する事業所では、担当スタッフがまず、利用者の支援計画の原案を立案していますが、計画の立案から実施、振り返りまで共通認識をもち進めています。朝・夕のミーティングでの確認やマニュアルなどを通し、スタッフ全員が共通認識をもち、利用者のニーズや支援の目的がブレないよう心がけています。

また、再構造化の視点も大切にしています。記録やデータ取りを行い、行った支援の振り返りを担当者を中心に他者の評価もふまえながら行っています。

支援を進める際、**一人で考えていると行き詰まってしまうことがたびたびあります**。そんなときには、短時間で議題を検討する「15分カンファレンス」を実施しています。スタッフ数名が集まりアイデアを出し合う場です。自分にはない視点でのアイデアを得られる非常に有効な場となり、実際に形になった支援も数多くあります。

先輩B

気がつけば行き詰まってしまうこともありますので意識をしておきたいですね。

## 支援を考える視点

日々、直接支援をしていると、**どうしても行動の問題などネガティブな部分に目がいってしまい、「なんとかしなければいけない……」「どうしよう……」など感じてしまうこともあります**。しかし、ネガティブな部分だけではなく、強みに目を向ける視点も大切にしています。前述にもありますが、「支援は準備で90%決まる」としたうえで、特性シートやその他のアセスメントなどを通して情報収集をしっかり行い、**本人の頑張れるところ、安定して活動できるところを見つけ、プロデュースし見せ場をつくることを意識しています**。

先輩A

共感！
支援現場ではあるあるですね。自分たちの支援を俯瞰的に見てもらえる機会があると、気持ちが楽になるかもしれませんね。

先輩B

できること、得意なことに着目して見せ場をたくさんつくりたいですよね。

## 支援を通して出会うたくさんのうれしくなる瞬間

長らくお付き合いのあるヨシオさんのお話です。ヨシオさんは、表出性コミュニケーションを得意としません。あるとき、外出先で購入したお菓子をヨシオさんが部屋で食べていました。私は、「美味しそうですね。よかったですね」と声をかけると、「食べる？」と言い、お菓子を一つ私にくれました。もちろんお菓子がほしくて言ったわけではありませんので、ヨシオさんの気持ちだけ受け取り、お返

ししました。これまでそのような経験はなかったので、言葉では言い表せない喜びを感じました。

### おわりに

センター開所時から現在まで、正直、つらい場面はたくさんありました。しかし、移転が無事に完了したときの安堵感は今も忘れられません。移転から現在まで走ってこられているのは、**相手を気遣い、時にはフォローし合える仲間がいたからだと思います。**

先輩B

ただ「仲がいい」ではなく、共通の目的に向かって取り組めるチーム。すばらしいです！

チームワーク、丁寧な支援展開が利用者の生活全般の質の向上につながり、笑顔あふれる事業所になるのではと感じます。利用者にとって、安心して快適に過ごせる場所が提供できるよう、引き続き一歩ずつ着実に歩みを進めていきたいです。

## 先輩's EYE　暮らしを支えるための支援技術
## ──強度行動障害への対応とQOLの向上

### はじめに

人の生活（暮らし）は、「身の回り」「働く」「楽しむ・くつろぐ」の三つに大別できると思います。同じ買い物でも、生活必需品を買う場合には「身の回り」のこととしての意味合いが強くなり、好きなものを買うのなら「楽しむ・くつろぐ」こととしての意味合いが強くなります。つまり、「身の回り」「働く」「楽しむ・くつろぐ」の視点を明確にすることで目標や支援の方法がより鮮明になるともいえます。

さて、ここでのテーマは、「暮らしを支えるための支援技術――強度行動障害への対応とQOLの向上」です。生活全般を支え、生活全体の質を高めていきたいとどの支援者も願っていると思うのですが、強度行動障害の状態像があるとなかなか前に進まず、悶々としてしまうこともあるでしょう。私も悶々としてきましたし、今も悶々としてしまうことばかりです。「悶々とするのは誠実に向き合おうとしているからこそだ」なんて自分を励ましたりごまかしたりしていますが、悶々としないほうがそりゃいいに決まっています。強度行動障害のある人の支援に携わって30年になるのに、ずっと悶々としてきた自分が偉そうに語れることはないのですが、悶々としてきた人間だからいえることもあるかもしれないなと思うことにして、恥ずかしながら自分の考えを書きつらねてみます。

## 特性にもとづく支援

支援はいつもうまくいくわけではないですよね（いつもうまくいくという人からすると、「何を情けないことを言っているんだ」というお叱りを受けそうですが……）。うまくいかないときって、特性に合わせた配慮に漏れが出ていることが多いと思うのです。私たちが支援している人たちは少数派です。世の中の環境はどうしても多数派仕様にできていますから、少数派には配慮が当然必要になり、しかもその配慮は一人ひとり異なりますし、配慮してきたつもりでも配慮自体が劣化することもあります。**支援がうまくいかないなと思ったときは、まずその人の特性を見直すことが重要**だと思います。

さて、では、特性をどうやって把握すればいいのでしょう。私は、強みと弱みを整理することだと考えています。その整理のための視点として、私が所属する事業所では、7つの項目をあげています。

- 社会性の特徴（人との関係、集団との関係、ふるまい等）

- コミュニケーションの特徴（伝わりやすさ、本人からの表現等）
- 想像力の特徴（新規場面や変更に対する反応、こだわり、興味や関心等）
- 感覚の特徴（聴覚、視覚、味覚、臭覚、触覚等に関する反応）
- 認知・記憶の特徴（文字や数の理解、長期あるいは短期記憶に関する様子等）
- 注意・集中の特徴（注意の持続、気になる物への反応、視野や物の見方等）
- 運動・姿勢の特徴（器用さ、体の使い方、姿勢の保持、介助度等）

すべてに完璧な配慮はできないかもしれませんが、「ここの配慮が足りなかった」という突破口が見えれば、とりあえず一歩前に進むことができます。進むのは一歩でいいのです。

## できる、得意を伸ばす支援

特性の把握は、強みと弱みを整理することだと前項で書きました。強みを活かすって、頭ではなんとなくわかっていても実際に何をどうすればいいのか、具体化するのは意外に難しいのではないかと思います。どうしても、弱みを補おうとしてしまうところに注力してしまうものなので。

でも、**どんな人にも見せ場があるはずです。その人なりに頑張れるところや安定して活動に取り組めるところがあると思います。その場面を生活の中に組み込むことを考えればいいのです**。そうすると、できることや得意なことを自然に伸ばしていけると思います。

また、好きなものが比較的はっきりしている人の場合、頑張ったら好きなものが手に入るという流れをつくることができるかもしれません。「終わったらこれができる」という流れができれば、少なくとも二つの活動がつながって、二つ分の活動が見せ場になりますよね。行動障害を改善することはもちろん重要なことなのですが、人生の目的は、自分らしく生きることであり、自分らしく活躍できることにあると思うのです。

## 手がかりが見つからないときにどうするか

そうは言っても、支援が行き詰まったり何をやってもうまくいかなくなったりすることはあります。一生懸命やっても、筋道を立てて支援をしても、袋小路に迷い込んでしまうことはありますよ（少なくとも私は何度も何度もあります）。

支援者を交替する、環境を一新するなどのリセット作戦が実行できればいいのかもしれませんが、そう簡単な話ではありません。となると、本人の周囲の状況を変えずに何らかの手を模索しなくてはなりませんが、それは実に苦しい作業です。そんな苦しい作業を一人で抱え込む必要はないのですよ。他者を巻き込みましょう。手っ取り早いのは誰かに相談するということですが、相談相手一人からのアイデアしかもらえないという弱点もあります。

そこで、私の事業所で推し進めているのが「15分カンファレンス」です。「困ったときのケースカンファレンス」という格言がありますが（言っているのは私なので、格言というよりは妄言です）、ケースカンファレンスをちゃんとやろうとすると日程調整に苦労し、かなり時間が経過してからようやく開催となり、その頃には問題がより深刻化しているなんてこともあります。ならば、短時間で気軽にできるケースカンファレンスも有効だろうということで考えたのが15分カンファレンスです。

資料なし、1分で現状報告、9分間の質問タイムで情報を補う、参加者がそれぞれにアイデアを話すのが4分間、最後に明日からすることを宣言するのが1分、これで15分です。ホワイトボードなどのメモ書きをスマホ等で画像に残せば議事録も完了です。完全な作戦よりも踏み出せる一歩があれば何とかなるかもしれませんし、**すべてを解決できなくても一部分だけでも本人や支援者が楽になれば、生活全体のストレスが下がり、不適応**

**行動が減ってくることもよくあることです。**4～5人くらいの人数なら15分の時間を確保することは十分可能です。

## うまくいかなかった支援から学ぶ

うまくいかなかった支援を振り返って分析することは楽しい作業ではないので、その気にならないときは先送りしていいですよ。でも、結果としてうまくいかなかっただけで、決して失敗だったわけではないし、うまくいかなかったという結果が得られたことは、見方を変えれば、貴重な経験を重ねたということでもあります。

「なぜうまくいかなかったのか」という観点から振り返るよりも、「こうしたらうまくいったかも」という観点で分析してみましょう。そのほうが次につながりやすいし、少し軽やかな気持ちで分析できます。それが、アイデアの引き出しを増やすことになると思います。

## 暮らしの質に焦点を当てたかかわり

最初の項で、「身の回り」「働く」「楽しむ・くつろぐ」の視点を明確にすることで目標や支援の方法がより鮮明になると書きましたが、暮らしの質を上げるためには、この三つの視点のうち、「身の回り」と「楽しむ・くつろぐ」がカギを握ると思います。

「身の回り」のことは、できる部分は当然本人にしてもらいますが、できない部分はしっかり介助することになります。どこまで自分でできるのか、介助する際には本人から「手伝ってください」等の表出コミュニケーションの手続きを入れたほうがいいのか、あるいは指示書のなかで介助があることを示したほうがいいのかなど、その人の特性を根拠にして支援を組み立てていきます。支援を重ねていくと、できると思っていたけれど不完全なところが多いなとか、手伝ってほしい要求は出せるけれど形骸化してしまっているので設定を変えたほうがいいなとか、いろいろな修正点も出てきます。それでいいのです。その修正作業が、より深く特性を見つめることになりますし、支援の根拠を固めることになります。

「楽しむ・くつろぐ」においては、本人にとって、それがちょっとの楽しみなのかたくさんの楽しみなのかを把握し、生活のなかへどう組み入れていくかを調整していきます。楽しみにもメリハリが必要ですし、暮らしのなかにアクセントがあったほうがマンネリ化しません。また、一人で楽しむほうがいいのか、一緒に盛り上げたほうがいいのかについても、その人の特性を根拠に考えていきます。そして修正していけばいいのです。

**大事なことは、特性を根拠に支援がスタートし、支援を重ねるなかで特性を見つめ直していくというサイクルです**。そして、そのサイクルが、見せ場をつくっていくことになります。

**先輩からの一言**

- **特性は支援の根拠であり、スタートラインである。支援がうまくいかないときは、特性に返ればよい。**
- **その人の見せ場をつくろう。それが、その人のできる、得意を伸ばし、自分らしく生きることを支えることになる。**
- **行き詰まったら他者を巻き込もう。一人で抱える必要はない。**

エピソード3
表出性コミュニケーションの大切さ

# コミュニケーションを通じた関係づくり

PROFILE

■強度行動障害のある人の支援をはじめて7年。現在は、障害者支援施設に勤務し、日中活動を担当。

■好きなもの（こだわり）は、愛車（クラシックカー）に乗ってドライブをすること。

## 大学の実習を通して

私は、知的障害や発達障害のある人の支援をしている社会福祉法人で働いており、現在、知的障害、発達障害のある人が生活している入所施設に勤務しています。福祉業界での仕事を志すきっかけは大学生の頃の経験からでした。

私の実家のすぐ近くに、障害者の通所施設がありました。そこに通っている利用者をよく見かけることがあり、私の家の前を歩いている人もいました。当時、小学生の私は、大きな声を出しながら歩いている利用者を、**率直に「怖い」という印象をもって見ていました。**

先輩A
共感！
相手のことを知らないと、怖いと思ってしまいますよね。相手のことを知ることが大切ですね。

大学は、仲のよかった友人の誘いもあり、将来のことは考えず、漠然と「社会福祉士」になりたいという思いで社会福祉学科がある大学に入学しました。将来のことを考えないままに月日が経ち、3回生になったとき、社会福祉士取得のための現場実習で、地元の社会福祉協議会で実習する機会をもらいました。そこでの実習を通して、地域福祉や障害福祉について広く学びました。実習でお世話になった**担当のスタッフからの「物事の本質を追求していくこと」という言葉を今でも大事にしています。**

実習の経験から自分自身の意識が変わり、将来のことについて考えるようになりました。障害福祉分野の教授のゼミを受講し、アルバイトで知的障害のある人のガイドヘルパーをするようになりました。ガイドヘルパーでは、自閉症の子どもや、ダウン症の学生など、さまざまな人とかかわることができました。アルバイトを始めたときに、小学生の頃に障害のある人を見たときの「怖い」という感情を思い出しました。そして同時にそれは、「**その人のことがわからないからわく感情なんだ**」ということに気づきます。実習で学んだ「本質を探る」ことを思い出し、「利用者の特性の本質を見つけることが必要で、それがわかればわかるほど怖さはなくなるのでは」と思うようになりました。

アルバイトで障害のある人とかかわっていくなかで、コミュニケーションが取りにくい、「発語がない」子どもに出会いました。その子と一緒にプールに行ったときのことを今でもよく覚えています。プールでは楽しんでいる様子だったのですが、**時折、両手を上げる動作をすることがありました。私にはその理由がわかりませんでした**が、プールでは楽しんでいるように思えたので気にしていなかったのです。しかし、偶然大きなシャワーを浴びることができるエリアへ行ったときに、「この子はシャワーを浴びたいんだ」ということに気づきました。両手を上げてシャワーを浴び、今まで以上に笑顔になっている様子を見たときに、以前よりもその子のことがわかった気がしました。それと同時に「**早く気づいてあげたかった**」「**もっと知っていきた**

**い」と感じたことを覚えています。**

その経験が、現在勤めている法人に入職したきっかけになりました。当時お世話になったガイドヘルプの事業所のスタッフや利用者には本当に感謝の気持ちでいっぱいです。

先輩A

いいね！
相手のことをより知りたいという気持ちが、次の意欲へつながりますね。

## 強度行動障害の支援

入職後は、生活介護の事業所に勤務していました。知的障害、自閉症、ダウン症のある人など、さまざまな障害特性のある人たちとかかわることになりました。入職当時は、かかわり方がわからないことが多く不安感もありましたが、「本質を探ること」を意識して、**利用者の障害特性を理解し、支援に当たることで、その不安感もすぐになくなっていきました。**

先輩B

ここでも「知る」ことが切り口になったのですね。

２年目になって、生活介護から施設入所の強度行動障害のある人が多いグループを担当することになりました。そのグループの人たちのほとんどが自閉症の診断を受けており、その人に合う個別の支援が特に必要な人たちでした。今までの経験を活かしながら支援にあたっていましたが、利用者とのコミュニケーションで悩むことが多くなりました。

利用者のマサシさんは発語があり、会話をすることができますが、スタッフとの会話のなかで約束ごとをつくってしまいその約束が守られないと、大声で叫ぶ、辺りの物を破壊する行為が見られました。スタッフは会話をしていただけでマサシさんと約束をつくったつもりがなくても、マサシさんとのやりとりがうまくいかないことがありました。そのため、**マサシさんの理解が難しいことは、紙に書いて整理してコミュニケーションを図る対応をしていました。**

先輩B

目で見て理解する。特性に配慮したいい方法ですね！

また、マサシさんが生活しやすいように生活のルールをスタッフと決めて、毎日ルールが守れたらシールを渡し、それがたまったらほしいものが手に入れられるようにしていました。そして、否定的な単語を聞くと不調な様子で落ち着かないこと、言葉の言い回しを誤って理解することもあったので、できるだけ本人との会話を記録し、**マサシさんの気になる言葉のポイントを整理する**ようにしていきました。その結果、すべての気になることに対して対応できたわけではありませんが、不調にならずに過ごすことができる時間も増えていきました。

先輩B

言葉にはワードだけではなく、口調なども含むのでポイント整理が難しいですよね。

マサシさんの行動特性の一つに、「本人が問題行動をやりたくなくても衝動的にやってしまう」ということがあり、マサシさん自身も「気になってしまって……」と話すこともあったので、コミュニケーションの支援とそれに合う環境の配慮も行いました。また、マサシさんには、好きなことややってみたいこともあるようでしたので、マサシさんの強みを活かして生活のモチベーションを上げる方法を考えました。試行錯誤した結果、全く興味をもたないことも多くありましたが、**試行錯誤を続けていくことに意味があると感じるようになりました。**現在もマサシさんとのかかわりは続いています。日々の支援で難しいと感じることもありますが、周りのスタッフの協力のもと、チームで支援を組み立てられるよう努力しています。

先輩A

ポイント！
うまくいかないことがあっても粘り強く取り組むことが大切ですね。

## 発語がないトシオさん

私は、自閉症の利用者のコミュニケーション支援を勉強するため、PECS®（絵カード交換式コミュニケーション・システム）のワークショップに参加し、そこでより専門的

※PECS®は、米国およびその他の国で登録されたPyramid Educational Consultants, Inc. 商標です。

な支援方法を学んでいきました。強度行動障害のある人の多くは、相手に自分の思いを伝えたいこと（表出性コミュニケーション）と、相手が伝えたいことを理解すること（理解コミュニケーション）が**うまくいかず不調な状態になり、間違った行動につながってしまうといわれています。**私がかかわっている利用者のトシオさんは、発語がなく、何かを要求するときは相手の腕を引っ張ることや、相手の後ろをついて回る行動が見られていました。トシオさんに活動を伝えるときには、イラストや写真のカードを見せたり、言葉で説明したりしていましたが、きちんと伝わっているのかわかりにくい場面もありました。トシオさんから発語があったら生活がもっと豊かになるのでは、と思うことがよくありました。

先輩B

「間違った行動」も表出の一部ととらえていきたいですよね。

トシオさんにPECS®の支援を取り入れることになり、トレーニングを重ねていきました。「ほしいものとカードの交換」➜「ほしいものをカードで選んで交換」➜「『おかしください』とカードで文章を並べて交換」という段階をふんで少しずつ練習の成果がでてきました。支援のなかで**発語を促すことを意識して取り組んでいると、「ください」とトシオさんが話したことがありました。**毎回ではないですが発語が確認でき、トシオさんも表出性コミュニケーションのために努力していることが伝わり、私自身も取り組んでよかったと思うことができました。

先輩B

トレーニングを重ねることで見られた成長はうれしいです！

## コミュニケーションで充実した生活を

以前、私は地域のボランティアで、中学1年生に向けて発達障害についての講座を担当したことがあります。中学生にどのように説明しようかと悩みましたが、「文化の違いを知る」ということを伝えつつ、障害のある人とのかかわり方についてお話ししました。**日本の文化がある、外国の文化がある、それと同じように自閉症の人たちにも文化があり、その文化を知ることが必要である**ということ。国によってコミュニケーション方法は異なり、自閉症の人と自閉症ではない人とのコミュニケーション方法も異なる。そして、**お互いに違いを知って、自分たちの文化と混ざり合っていけるようにかかわれたら、誰でもすばらしい人生を送ることができる**――私はそう思います。

日々の仕事のなかで、私だけではなく、強度行動障害のある利用者にかかわるスタッフの多くが、悩みながら支援に携わっていると思います。私の経験を共有し、チームとして支援の方向性を定めて、これからもスタッフ全体でやりがいのある支援を続けていきたいです。

先輩B

いいね！　わかりやすいたとえ話ですね。

先輩A

よく気づいたね！それぞれを認め合う社会を目指したいですね。

先輩's EYE

## コミュニケーションのあり方

### はじめに（自分のこと）

将来の進路選択を考えた際に、姉が保育士をしていることもあり自分も子どもにかかわる仕事をしたいと漠然と考えていました。そんななか、障害児の通園施設にボランティアとしていく機会があり、そのときの経験から障害福祉に興味をもちはじめました。

大学の社会福祉学部を卒業して、新卒でスタッフとして入職したのが現在も勤務している知的障害のある成人期の入所施設で、そこで初めて強度行動障害のある人たちに出会いました。強度行動障害のある人の支援をするようになって23年になります。

### コミュニケーションとは

今、入職当時を振り返ると、それぞれの障害特性に応じた支援ができず、大変申し訳ないことをしたと感じます。

施設のオープニングスタッフとして入職したスタッフは私も含めて知識、経験の浅い、若い新卒のスタッフが大部分。一方、施設に入所した利用者は重度の知的障害と自閉症等の障害のある人たちで、新たな入所施設での生活という大きな環境変化もあり、ほとんどが大声を出したり暴れたり、次の行動に移れなかったり……と、何らかの行動障害を起こしている人ばかりでした。そうした利用者の行動に、どう支援してよいかわからず悩み、とりあえず食事を摂ってもらったり、入浴してもらったりと日々の日課をこなすことに精一杯の状態でした。

今でもよく思い出すのが、週末に利用者と近所の公園に出かけたときのことです。週末は気分転換のため利用者を施設の外へ散歩に連れ出すのですが、散歩先で利用者が必ず大声を出す等の不調になってしまいました。当時は、せっかく施設の外に出てリフレッシュできるはずなのに、なぜみんな不調になってしまうのだろう？と考えていました。今振り返れば、不調になる理由は明確です。いきなり散歩に連れ出され、「どこに行くのかわからない」など予定の見通し等の理解に対する課題や、「外出先の自動販売機でジュースを買って飲みたい」など表出の課題があったと思います。そうした自閉症の障害特性によるコミュニケーションの苦手さが不調の原因となっていたのです。こうした経験の積み重ねが、現在の利用者の障害特性の理解に加えて、利用者一人ひとりに合わせた対応や表出性コミュニケーションの支援につながっていると思います。

## なぜコミュニケーションが大切なのか

支援を考えるうえで、自閉症の障害特性に基づき、自閉症の人の立場にたって考えることがとても大切です。「言葉の意味がうまく理解できなかったら……」「今、何をするのかが理解できなかったら……」「いつも不快な刺激にさらされていたら……」「先の見通しがもてずに、不安に感じていたら……」「不安や要求をうまく相手に伝えられなかったら……」「突然、移動させられたり、中止されたり、注意されたら……」など、自閉症の人の立場にたって考えると、毎日が不安と混乱、ストレスでいっぱいになってしまう生活だと想像できます。そのため、**支援の第一歩は自閉症の人のおかれている現状を理解し歩み寄ること**だと思います。私たちが暮らす世界は、自閉症の人にとって刺激が多くてわかりにくい世界なのです。**自閉症の人にとってわかりやすく、意味が理解できる世界にしていくことが、自閉症の人に歩みよるための、私たちの大きな役割**だと考えています。

## 自閉症とコミュニケーション

とはいえ、私自身、自閉症の障害特性を研修や文献、実践から学ぶなかで自閉症の人の生きづらさを想像しながら支援にあたっていましたが、想像の域を出ないことがあり、「自閉症の人は本当にどんな気持ちで生活しているのだろうか？　もっと知りたい！」と思うことも多くありました。

そうしたなか、たまたま海外（韓国）を旅行する機会がありました。当時はスマートフォンもない時代なので、ガイドブックの地図を頼りにあちこち観光しようとするわけですが、看板等の表記もすべてハングル文字だけ、道を聞こうにも日本語が通じず、相手の言葉も理解できないし私も伝えられない、道を間違わずに目的地に行くことができるように一生懸命地図を見てもわからなくてイライラ、伝えられず不安……という思いを味わいました。また、言葉や文字はわからなくても、トイレ等のシンボルマークは万国共通で理解できるという大きな安心感を覚えました。

このときの旅を通じて、これまで想像の域を出なかった自閉症の人の気持ちを自分の体験として感じることができるようになり、自閉症の人の立場にたって考えることが、私自身のなかで一歩前進しました。支援を考えるときに、意識してもスタッフの感覚が先に立ってしまうことが支援現場では多々あると思うので、**より深く支援を考えるにあたって、こうした自閉症の人の気持ちを研修等で体験してみることも時には有効**だと思います。

## コミュニケーション支援にチームで取り組む

重度の知的障害と自閉症のあるタダオさんは、スタッフに「散髪」や「おうち」などの確認行為が多くあり、スタッフがうまくそれに応えられないと自身の顔を叩き、スタッフをつねるという行動がありました。

入所施設では24時間365日、途切れることのない支援を継続していくため、たくさんのスタッフがタダオさんの支援にかかわっています。そのため、支援については個人ではなくチームでの取り組みが欠かせません。対応するスタッフによってタダオさんの行動は変化するので、まずは自傷行為や他害行為のある場面の記録をとり、そうした行動を誘発するきっかけを探りました。また、ケース会議を開催し、記録をもとに自閉症の障害特性や各スタッフがどのように対応していたかをチームで振り返りました。

アセスメントの結果、タダオさんはスケジュールでおおむね見通しは立つようでしたが、スケジュールの確認や洗濯用洗剤の要求等についてスタッフとうまくやりとりができないと自傷行為や他害行為につながっているようでした。一方、支援側の課題としては、タダオさんの障害特性がスタッフ間で十分に理解できていないことやスタッフのタダオさんへの対応が統一されていないこと等があげられました。そのため、①タダオさんの絵や写真、文字等の理解度について再評価してスケジュールを作成しなおす、②タダオさんがスタッフといつやりとりできるかということをスケジュールで整理する、③タダオさんとスタッフのやりとりの方法をスタッフ間で統一することにしました。対応の統一にあたっては、かかわるスタッフが多いため、対応にズレがでないように文書に整理して共有しました。

そうした支援の結果、タダオさんはスケジュールで見通しをもちながら、頻繁にスタッフとやりとりすることなく自立して活動に取り組むことができるようになり、さらに自傷行為や他害行為をすることなく生活できるようになりました。あらためて、スタッフとやりとりする場面や方法を整理しタダオさんの理解できる環境を整えたことで、混乱することなく安心して生活ができるようになり、それが自傷行為などの軽減につながったと考えます。

現場では利用者のさまざまな行動に対して支援に行き詰まることが多くあると思います（私自身、新人スタッフのときに上司から「支援は10個取り組んで、うまくいくのは1個か2個」とよく言われていました）。そうしたときには**必ず原点に立ち戻ります。自閉症の障害特性やスタッフとのかかわりによる相互作用の視点をもつことや、対応の方法がわからないときにはあらためて利用者の状態をアセスメントすることが必要になります**。また、支援してもなかなか結果が出ず悲しく感じてしまうとき、変わらなければならないのは利用者ではなく私たちスタッフだと思います。支援について、一人で抱え込まず、そうした視点をチームで共有しながら本人主体の支援をあきらめずに積み上げていくことが重要だと考えています。

## 今後のコミュニケーション支援で取り組みたいこと

私が勤務する入所施設も開設から24年目を迎えました。強度行動障害のある利用者の特性に基づいた環境調整をして、利用者が安心していきいきと生活できるようにという支援の視点は開設当時より変わりませんが、現在はそれに加え、利用者の高齢・重度化が新たな課題となっています。重度の知的障害がある自閉症の人は、自身の体調を周りにうまく伝えることができないために病気が見つかったときにはすでに重症化していることがあります。また、行動障害の原因（背景にあるもの）が自身の体調のしんどさを訴えることができないことに起因していることも多くあります。現在取り組んでいる表出性コミュニケーションの支援については、ほしいもの要求等が中心となっていますが、まだ不十分な点も多くあります。高齢化が進むなかで、今後自身の体調についても伝えることができるように取り組んでいくことや、日常のなかのふとした気持ちが表出できるようになることも必要だと考えているところです。

さまざまな課題があるなか、利用者のより豊かな生活を目指して支援していく、ということは、どのスタッフも同じ気持ちだと思いますが、それぞれが考える豊かな生活は当然のことながら異なります。そのため、**スタッフ間もしっかりとコミュニケーションを図り、それぞれの価値観をすり合わせながら今後も支援にあたっていくことが、チームとして大切**だと考えています。

### 先輩からの一言

- **支援では、その人の立場にたって考えることが第一歩。**
- **自閉症の人にとってわかりやすく、意味が理解できる世界にしていくことが支援者の大きな役割。**
- **スタッフ間でもそれぞれの想いは異なるので、すり合わせが重要となり、それがよりよい支援につながる。**

エピソード4
基本的な情報収集

# こだわり行動との付き合い
## ――強度行動障害という状態を知ったとき

PROFILE

■強度行動障害のある人の支援をはじめて8年。現在は、就労継続支援B型・生活介護事業所に勤務。
■好きなもの（こだわり）は、筋肉の動き（アスリートの競技における筋肉の動きがわかる動画をくり返し見ます）。

### 知的障害者との出会い

私は現在、社会福祉法人の運営する、知的障害や自閉症のある人が通う通所事業所とグループホームに勤務しています。社会福祉法人での勤務は18年余りになりました。社会人として働くことになった当初、自分が福祉の世界に入り、ここまでの長い年月にわたり勤務することになるとは想像もしていませんでした。

幼少期から体が強いほうではなく難病も患っていたため、両親が少しでも体が丈夫になるようにと思いを込めて水泳を始めます。それがきっかけで学生時代はスポーツに励み、徐々に体が丈夫になると、将来はスポーツ関連の仕事に就きたいと思うようになっていました。

スポーツ関連の職を目指すという夢をもっていた頃、**家の近所に、障害者専用のスポーツセンターがあることを知り、どのような施設かを調べてみました。**調べた結果、障害のある人とスポーツを通じてかかわれる仕事と知り、今

まで障害のある人との交流はありませんでしたが、スポーツをする仕事に就ける、と簡単な理由で就職することとなりました。

障害のある人にスポーツ指導をする立場で就職したものの、就職した後は障害のある人たちとの交流がほとんどなかったため、どのように伝えればよいのか、どのような配慮が必要なのか戸惑いました。また、自分が行ったことのないスポーツを担当する場面もあり、そのときには利用者から教えてもらいながら勉強する日々でした。そのなかで、週１回、数か月間ではありましたが、知的障害者の水泳教室を担当する機会をもらいます。その教室で知的障害者とかかわることで、私自身も楽しく担当の時間が過ごせました。**だんだんと知的障害のある人と話すことや交流することが楽しみとなり、知的障害のある人についてもっと知りたいという思いがわいてきました。**

先輩A

いいね！
相手に興味・関心がもてる感性を大事にしたいですね。

## 知的障害者とかかわる仕事

自分の仕事に対する思いが変わっていくなかで、知的障害のある人とかかわる仕事にはどんなものがあるか調べようと思い、何もわからないまま役所の福祉課へ聞きに行きました。そこで社会福祉法人が運営する知的障害のある人が利用する通所施設があり、運よくスタッフ募集をしていました。スポーツを通じてしか障害のある人とかかわったことがない私でしたが、思い切って施設に入職しようと決断しました。

入職してはみたものの、「社会福祉法人」や「障害者自立支援法」など、初めて聞く言葉が多く、自分はここで仕事として何をするのか、右も左もわからない状況で始まりま

した。何をすべきかわからないなかでも、この仕事に就きたいと思ったきっかけである**「知的障害のある人と話すこと、交流することが楽しい」という気持ちは変わらずに日々を過ごすことができていました。**利用者とのかかわりが、「スポーツ」から「作業」へと変化しましたが、楽しいという思いだけは変わらずにかかわることができていたと記憶しています。もちろん、仕事をしていて楽しいと感じることだけではなく、つらく苦しいと感じてしまうこともあり、**なぜこの仕事に就いたのかを自問自答することは今でもあります。**それでも、「楽しい」という思いは今でも変わりありません。

## 「強度行動障害」という言葉を知る

家庭の事情で勤務地を変えることとなり、現在の社会福祉法人に入職しました。入職後しばらくして、当時の施設長から生活介護の新規事業を立ち上げるにあたり、強度行動障害の利用者を受け入れるという話があり、そこで初めて「強度行動障害」という言葉を耳にしました。

それまでも、重度の自閉症の人や、こだわり行動が強く出ている利用者とかかわることはありましたが、「強度行動障害」という言葉を聞いても、どのような状態像を示しているかはわかりませんでした。

新規事業が始まり、その活動にかかわることになりました。実際に始めてみると、室内を全力で走る人や建物内に入れず外で立ち止まっている人、大きな声や音を出している人など、一人ひとりがそれぞれの場所で何かをしている空間でした。今でもその光景は覚えています。**第一印象はそれに圧倒されてしまいました。とにかくその場をなだめ**

**て、落ち着いてもらおうという考えしかなく、何をしたらいいかわからない、そんな出会いでした。**後に「利用者の行動にはそれぞれ意味がある」「何かを要求して表出する行動である」ことを知ることになりますが、当時は理解できず、利用者本人が困っている状態である、という見立ては全くできませんでした。

## 利用者アイコさんとの出会い

そんな強度行動障害のある人がいる活動で、利用者アイコさんはそのグループのなかでも一番目立つ存在でした。アイコさんの行動は他の利用者にも影響を与えます。アイコさんは大きな声を出す、他者を叩く・蹴る、物を投げるといった行動が日常で、**スタッフもアイコさんの対応にはどうしたらいいのか途方に暮れる状況でした。**そのなかで、私は「アイコさんは予定が気になる人で、見通しがもてないと課題となる行動が出るのでは」という見立てをし、カレンダーを見せる支援をしていました。

先輩B

うまくいっていないことはわかっても、どこから手をつけてよいかわからない状況、ありますよね。

その時点では、複数のスタッフと一緒に一人の利用者の支援方法を考えることはなく、私一人でその場の対応をしていました。対応に当たる他のスタッフもその場で支援方法を考えるため、支援の統一は図れず、アイコさんの課題となる行動も減ることはありませんでした。対応するスタッフは叩かれてしまったり、物を壊されてしまったりという状況が続き、アイコさんはもちろん、スタッフもとても苦しい状況に陥っていました。

その苦しい状況のなかで、**社会福祉協議会が主催している強度行動障害支援指導者養成研修（アドバンス研修）があることを知り、受講する**こととなりました。

先輩B

いいね！

## チーム支援の実践

　この強度行動障害支援指導者養成研修（アドバンス研修）は、実在する事例の検討を半年間続ける研修です。その研修で強度行動障害のある人への基本的な対応方法やグループでのミーティングの実施方法を学び、事業所に持ち帰ってスタッフ間で共有を図りました。課題となる行動には理由があり、**利用者が困っていることを和らげたり解消できたりできれば、課題となる行動の表出を抑えられるということをスタッフ間で共通認識としました。**

　**課題となる自傷行為や他害行為を止めるのではなく、原因を探り、その原因を解消することを目標に支援方法をチームで検討することに変化していきました。**実践をするに当たり、同じグループにいるスタッフにも協力を得て、記録をとる、検討する、実践する。それをくり返すことで結果が出てきます。その結果を受けて、チームで統一した支援をする重要性をスタッフが実感しました。また、アイコさんとのかかわりを怖いと感じたスタッフも、課題となる行動が減ることにより、アイコさんに対する恐怖心が薄れ、アイコさんにとってだけではなく、支援者にもよい環境になると感じました。

　チーム支援を続けていくなかで、アイコさんの困り感を探っていくと、全員一致で「予定や見通しをもてると課題となる行動が減る」という見立てをしました。そこで、アイコさんの課題となる行動が一番出てしまう状況はいつなのか、行動観察記録をつけることにしました。その結果、「カレンダーを使ってスタッフと予定確認をしているとき」が最も課題行動が現れていることがわかりました。アイコ

**先輩B**

共通認識を得ること、支援を組み立てるうえで大切ですね。

**先輩A**

ポイント！
行動障害をなくすことだけに意識を向けると、支援がとても苦しくなることがあるので、注意したいですね。

さんが理解しやすいようにと考え、カレンダーを使って1か月の予定を伝えていましたが、「**理解しやすい**」**と思っていたのは私たち支援者だけで、アイコさんにとっては理解しにくく困る状況だったことが見えてきました。そこに気づけたのは、スタッフ数人で行った行動観察記録からです。**朝の予定確認時に毎日のように出ていた課題行動が、たまたまカレンダーなしで予定を伝えた日には何事もなく次の行動に移れていた、という記録が残りました。そこで、スタッフで検討した結果、**カレンダーを使って予定を伝えることを中止し、思い切って本人の目の前でカレンダーを処分してみることになりました。**その結果、アイコさんはつかえていた物が取れたかのようなうれしそうな表情を見せてくれました。その後、カレンダーは使わずに当日の予定を口頭のみで伝えるようにしたことで、その場面での課題となる行動は出なくなりました。**今から考えると、1か月という長いスパンの予定は、アイコさんにとって情報過多であり、適さない情報提示だったと思っています。**

アイコさんの困り感を一つ解消することはできたようですが、他の場面でアイコさんの困っている様子が多く見られ、**私たちのチーム支援はまだまだこれからも続きます。**

先輩A
よく気づいたね！
表出が難しい利用者の気持ちを推し量るためには、丁寧な行動観察や記録が有効な手段でしたね。

先輩B
勇気のいる判断だったと思います。「今までがそうだったから」にとらわれないことも大切ですね。

先輩A
よく気づいたね！
利用者の生きづらさに寄り添えましたね。

先輩B
かかわりつづけること。私たちの仕事の魅力の一つだと思います。

支援するスタッフの笑顔。増やしていきたいですね！

## おわりに

今までの支援者一人ひとりのその場しのぎの対応では見られなかったアイコさんの明るい表情。それが、これからたくさん見られるのでは、と新しい楽しみができました。今回のアイコさんの事例のみに留まらず、チームで支援をしていくことで利用者の笑顔を増やし、そのことで**スタッフの笑顔も増えてほしいという思いを胸に、支援を続けて**

**いきたい**と思っています。

支援にかかわるなかで苦しいと感じてしまうこともあり、自問自答が続いています。ですが、知的障害のある人と話すことや交流することが「楽しい」という思いは今でも変わらずにもてていることは間違いありません。

## こだわり行動と強度行動障害
## ――課題となる行動の背景

### はじめに

本書の執筆をきっかけにいろいろと思い出しました。大学生の頃、ちょうど入所施設を出て、地域での生活をスタートする身体障害者と出会いました。その人を地域で支える介護アルバイトが、私の福祉人生のスタートラインです。

私は、就職活動も積極的にせず、将来のビジョンもおぼろげな日常を過ごしていました。そんななかで卒業を控えたある日、先生から呼び出され、就職先を紹介されました。私は、流されるまま重度知的障害者の入所施設に就職しました。

ずっと独り言をしゃべっている人、自分の服を破って裸になっている人、ずっと部屋とトイレを行き来している人、女性スタッフに暴力をふるう人、いすに座ったり立ったりをくり返している人。「変な行動をする人がいっぱいいる……」、それが、知的障害者施設での第一印象です。これからの仕事に対する不安と同時に、当時どうして変な行動をするのか？という強烈な興味をもったことを思い出しました。

## 強度行動障害のある人との出会い

入職して間もなくカケルさんを担当することになりました。今考えれば、カケルさんは強度行動障害の状態にある人でした。物に対する固執が非常に強く、いすの座る位置が気になり何度も座り直したり、鼻の横の傷が気になり血だらけになるほどかきむしったりと、常に目が離せない状態にありました。

そんなときにある先輩に助言を受けました。「カケルさんはこだわりが強いから、こだわらせないようにしてあげるといいよ」。そんな助言を受け、物にこだわればその物を取り上げて隠したり、座る位置にこだわれば違ういすに誘導したり、こだわっているいすを片付けたりし、鼻の横の傷にこだわっていれば手を押さえて制止したり……。そんな対応をくり返しているうちに当たり前の疑問にたどりつきます。

「私のしている支援は、彼らにとって正しいのだろうか？」

この疑問は、私の自閉症の人たちの支援の出発点であり、今でも自分に問いかけつづけている言葉です。こんなふうにあれこれ迷いながら、気づけば20年以上の月日が流れています。

## 自閉症の人たちのこだわり行動と闘っても勝てない

私は、**長年自閉症の人たちの支援をしていて、自閉症の人たちの示すこだわりと闘っても絶対に勝てないことだけは確信しています**。前述のとおり、かつての私は、こだわり行動を直接止めたり、こだわっているものを隠したりしてきました。それに対して、激しく抵抗してあきらめる代わりに他の物にもっと強くこだわる彼らの姿を目の当たりにしてきました。

さて、こだわりにはなぜ勝てないのでしょうか？　それを少し考えてみます。自閉症という障害は、脳機能にあります。つまり、障害は我々の目には見えず、自閉症の人たちは障害のある脳で情報処理をするので定型発達の人との間に理解の違い、認知の違い、認識の違いが生まれます。その違いを指して「障害特性」という言い方をしますが、障害特性は行動に反映されるため、定型発達の我々から見ると、一見、「変な行動」「困った行動」に映ってしまうのだと思います。100年後の未来はともかく、脳機能障害は治りません。自閉症の人たちが表出する行動に対して、抑えたり、止めたりして直接的に行動変容だけを目指しても、脳機能障害が治らない以上、おそらく行動の是正にはつながりません。つまり、こだわり行動を直接止めようと思っても、簡単に止まるはずがないということです。

では、どうすればよいのか。その謎解きの鍵となるのが、「障害特性」です。

## こだわり行動の背景

自閉症の人たちの行動には、障害特性が反映されると説明しました。つまり、行動そのものではなく、その行動の背景にある障害特性に注目することが、自閉症の人たちが示す行動の謎を解くうえで大変重要となります。

では、障害特性に対するアプローチとはどのようなことなのでしょうか。自閉症の人たちが示す行動は、障害特性とその人を取り巻く環境要因との相互作用により、さまざまな変化が見られることがわかっています。こだわり行動についても同様です。もしかしたら、**私たちがつくる支援という環境要因が、こだわり行動の原因となっているなんてことも、実は意外と多いのかもしれません**。

私はかつて、こだわっている物を隠したり、行動を制止したりしていました。今考えれば、そのことはこだわり行動を止めたいという気持ちとは裏腹に、むしろそのこだわり行動を助長していたのかもしれません。

## こだわり行動と強度行動障害

では、こだわり行動は絶対に止めないほうがいいのでしょうか。おそらく一概に止めるべき、止めざるべきという話ではないと思っています。強度行動障害の状態にある人のなかには、こだわり行動によって、自分や他者を傷つけてしまったり、自分や他者の意味ある時間を奪ってしまったりすることがあります。自分も苦しいし、他者も苦しい。そんなふうに考えられる行動は、やはり支援者が介入したほうがいい行動だと思います。

支援が介入する場合は、行動をよく観察し、行動の記録をとり、その行動を定義していくことが重要だと考えます。その行動は誰にとって、どのような意味があるのかを見極め、支援者が介入して修正したほうがよい行動なのかをチームで検討することも大変重要だと思います。もちろん、激しい行動により、自分や他者の身体や生命に危機が及ぶ可能性がある場合には、身体拘束等、危機介入が必要な場合も、現実的には存在することは付け加えておきます。

## こだわり行動の考え方

そもそも「こだわり」って何でしょうか？　実は私にもこだわりがあります。プロ野球が好きな私は、トレーディングカードを集めています。集めているだけではなく、カードケースに入れて、夜な夜な暗い部屋でコレクション眺めるというのが至福の時間です。また、ゲームも大好きでロールプレイングゲームなどは、レベルがカンスト（カウンターストップ）しないと気がすみません。そのせいで寝不足になるなんてこともしばしば。きっと周囲からは、奇妙な目で見られていると思います。いずれにしろ、私は、星の数ほどあるさまざまな選択肢から、自分の好きなものや趣味を自由に選ぶことができます。それは、私なりの選択であり、ゆえにこだわっていると自認しています。

さて、この私の好きで集めているプロ野球のトレーディングカードやロールプレイングゲームのレベルカンストへのこだわりは、自閉症の人たちのそれと同意義でとらえていいものなのでしょうか。

重度の知的障害者や自閉症の人たちのことを考えてみましょう。重度の知的障害者は、知的能力、認知機能の障害があり、多くの物事を同時に理解、認知することが苦手とされています。また、自閉症の人たちは、言語理解の苦手さや同時に複数のものに注目することが苦手とされています。彼らは、私と同じように星の数ほどあるさまざまな選択肢から、自分の好きなものや趣味や嗜好を自由に選べているのでしょうか。

かなり前、イギリスを旅行したときの話です。言葉にも苦戦しましたが、食事にも苦戦しました。私は、普段は何でも食べるほうですが、ホテルやパブでの食事が口に合わず、食べることすら怖くなっていました。そんなある日、街を歩いていると日本の有名なデパートのロンドン店がありました。私は迷わずそこに入り、日本食のレストランと日本の物産展で食料を買い込みました。それから毎日、昼食と夕食はそのレストランに通い、朝は物産展で買ってきたコンビニおにぎりを食べていました。困り果てて、ようやくたどりついた日本食のレストラン。私にとっては、何より安心な場所となりました。でも、毎日通ってくる日本人を見て、現地のレストランのスタッフは、どう思っていたのでしょう？　もしかしたら、「あの日本人は日本食だけにこだわっている」。そう思われたのではないかと考えます。

私はそのとき、自閉症の人たちと同じ体験をしているのではないかと感じました。定型発達の私たちがつくり出した標準的な社会で、状況もわからない、言葉も通じない、そんな不安とストレスがいっぱいのなかで、ようやくたどりついた彼らの答え。それは、重度の知的障害者や自閉症の人たちにとっては、光明だったのかもしれません。私たちは、そんな光明に必死でしがみつく彼らの姿を、いとも簡単に「こだわっている」と形容していたのかもしれない。そんなふうに思えました。

## おわりに

何年経っても、いまさらながら最初に担当したカケルさんのことを思い出します。何の経験も知識も技術ももっていなかった私は、結局、カケルさんのことを何一つ理解してあげられぬまま、その施設を離れました。もしも、今カケルさんの担当に戻れるとしたら、してあげられることがたくさんある気がします。後悔は先に立ちませんね。

我々が支援している人たちは、さまざまな障害特性をもち、さまざまな生活環境で生きています。だから、少なくとも**私たちが客観的に「このこだわりはいい」とか、「このこだわりはダメだよ」というふうに、簡単にジャッジしていいものではない**と思います。

「私のしている支援は、彼らにとって正しいのだろうか?」

その答えはまだ出ていません。でも**「彼らにとって」の部分がとても大切**だと20年以上かけてようやく気づくことができました。あのとき、先輩が言っていた「この人はこだわりが強いから、こだわらせないようにしてあげるといいよ」の意味を深掘りすることができました。

こんなふうに、さまざまな困難を抱えて生きている人たちから、いろいろなことを学んで、少しずつ理解させてもらったことが、私にとって何よりの宝物になっています。

### 先輩からの一言

- **自閉症の人たちのこだわり行動と闘っても絶対に勝てないことを知る。**
- **私たちのする支援が、こだわりを助長しているかもしれない……と常に考える。**
- **こだわりに「いい」とか「悪い」はない。**

エピソード5
行動の生じる理由と対応

# 気持ちに寄り添い 行動を分析して 支援する

**PROFILE**

■強度行動障害のある人の支援をはじめて５年。現在は、グループホームに勤務。
■好きなもの（こだわり）は、バイク。

## 障害福祉にかかわるきっかけ

私は高校生のとき、この先の進路について「人の役に立つ仕事がしたい」と考えていました。そこで、教育・福祉のどちらの分野にしようかと悩んでいましたが、最終的には困っている人々（社会的弱者）の助けになりたいという思いで福祉の分野を選択し、専門学校で福祉について学びました。あるとき、学校の先輩からアルバイト先として紹介されたのが強度行動障害のある人が入所する支援施設でした。紹介された当時は、「よい経験になるか」程度にしか考えておらず、将来障害福祉に携わることになろうとは思いもしていませんでした。

**初めて強度行動障害のある人と会った私は衝撃を受けました。**ある人は全身傷だらけで頭部にはヘッドガードをつけており、夜間もたびたび起きてきます。またある人は今まで聞いたことないような奇声を上げて、スタッフに対して他害（叩く）が見られ、**正直その当時は「怖い」と感じ**

**先輩B**
衝撃でしたよね。私も「強度行動障害のある人」と説明されてお会いした人の印象は今も強く残っています。

**先輩A**
いいね！
怖いという気持ちだけにとどまらず、行動の背景に意識が向けられたことがよかったですね。

**ていました。一方で、なぜ彼らはそのような行動を起こすのかという疑問がわきました。**施設では彼らの行動を一つひとつ細かく分析し、根拠のある支援を実践していると感じました。**一見すると理解できない行動でも理由や目的があり、それらは彼らからの何かしらの訴えだとわかると、自然と彼らへの恐怖心はなくなりました。**夜勤専従のアルバイトとしてですが、週に１回程度利用者とかかわっていくうちに、卒業後の進路として、強度行動障害のある人たちの支援に携わりたいと考えるようになりました。

先輩B

「知らない」ことが不安や恐怖につながると思います。「知る」ために「学ぶ」こと、大切にしたいですよね。

## ショウさんのこと

社会人１年目の私は通所事業所で働いていました。そこで初めて担当したのが強度行動障害のあるショウさんでした。ショウさんは、情緒の不安定時に他害があり、その他にも物を破壊するなどの行動が見られ、常に見守りが必要でした。外出時には車両や室外機等に向かう、自宅ではトイレの便座を破壊するなどの行動が見られました。家庭でも同じような状況で、本人や家族は十分な睡眠を取れないことがたびたびありました。また、ショウさんが壊した物の修復のために金銭的負担もあるとのことでした。**家族との会話や連絡帳に記載されていた内容から、夜間時（家庭）の支援がショウさんには必要だと感じました。**

先輩A

よく気づいたね！
通所施設の支援だけでは限界があるケースがありますね。家族とのやり取りから夜間支援の必要性に気づけたことがすごい！

ショウさんとの思い出のなかで印象に残っていることがあります。事業所ではチラシのポスティング作業があり、利用者が地域に参加する重要な機会となっています。しかし、真夏の炎天下を数時間歩くのは私自身もそうですが、利用者も大変だと思っていました。汗だくだくになりながら、チラシをポストに投函していく過程で、ショウさんは頻繁にチラシの入ったバッグの中を見にきては、あとどれくらいチラシが残っているのかを確認しにきます。器用にチラシを指で数える様子を見ていると、**本人が「早く終わらせたい」「あとどれくらい残っているか知りたい」と訴えているようで**、おかしいような申し訳ないような気持ちでいっぱいでした。音に敏感なため、トラック等の大きな車両が近づくと耳を塞ぐなどの行動が見られますが、残りの枚数が少なくなるにつれて本人の足取りも軽くなります。やり終えた後の公園でのお茶・お菓子の休憩時間に、ショウさんは「やりきった！」という達成感で満たされたような表情を見せてくれ、私もうれしい気持ちになりました。

先輩B
行動を客観的に見て、本人の代弁者の役割になれるといいですね。

　この一つの活動のなかでも、彼の「見通しをもちたい」「音に敏感」等、個人差はありますが自閉症に多く見られる特性がうかがえます。ショウさんを担当していたのは1年間だけですが、彼から学ぶことは多く、**私は心のなかで彼を“先生”だと思って支援にあたっていました。**

先輩A
いいね！
私たち支援者は本人から学ぶという姿勢を忘れてはいけませんね。

## タカフミさんのこと

　夜間支援の重要性を感じた私はグループホーム（以下、GH）への配属を希望しました。2021（令和3）年に開設したばかりですが、**家庭的な雰囲気もありながら入居者が少人数（満床：男性4名、女性4名）なことや、ハード面での工夫等によって個別の支援に力を入れることが可能です**。また、利用者の日々の生活の場としてだけでなく、地域生活支援拠点としてさまざまな役割が求められています。

先輩B
いいね！

　タカフミさんはショウさんと同じ通所先でしたが所属グループが違ったため、これまで私がタカフミさんとかかわる機会はほとんどなく、GHでの支援で初めて支援に携わりました。タカフミさんには中度の知的障害がありますが、食事や移動はほとんど自立（場合によっては見守りが必要）しており、調子がよければこちらからの簡単な声かけは理解しているようです。タカフミさんは1～2語文の会話が可能で、スタッフとの言葉でのやり取りを楽しむ様子があります。一方で情緒が不安定になることが多く、窓や壁への肘打ちや地団駄、大声を上げるなどの行動がしばしば見られます。また、トイレ以外で排泄（床や布団など）することもあります。私が支援しているときにこのようなことがあると精神的にきつくなります。他のスタッフと対応を検討して実践すると、効果が現れて行動の頻度・強度ともに減少することがありますが、**しばらくするとまた行動が増えるといった“いたちごっこ”のような状況が続いて、今後の展望に不安を感じることがあります。**一方で、**タカフミさんの成長や楽しいといった感情表現を近くで見られることをうれしく思っています。**たとえば、洗濯物干し等の身の回りのことなどできることが増えたこと、テレビでYouTubeを見られるように環境を整えたら、本人が楽しそうに落ち着いて過ごす時間が多くなったことなどです。

先輩A

共感！
支援がうまくいかないと不安を感じますね。コンサルを活用するなど、外部の支援機関に相談するのも一つの方法です。

先輩B

かかわりつづけること、ソーシャルワークの視点でみても重要なことですよね。

　**日々の生活の記録に加えて、排泄場所や時間帯等を細かく見ていけるように記録を行いました。**記録からは排尿の多い時間帯やスタッフによって排泄場所が異なることなどが確認できました。また、現在も記録は続けており、最後の排便を確認しながら、整腸剤（医療機関や家庭と相談）を調整するのにも活かされています。

先輩B

記録に基づく考察と根拠の確立、行動も含む生活全般を考えるうえで大切です。

　行動の記録も別に記録しており、①声、②肘打ちや地団駄、③物の破壊、④他害（未遂含む）、それぞれの強度と頻度を数値化し、日々の生活の記録や通所先での様子、出来事と照らし合わせて行動を分析することで、行動の要因等が把握しやすくなりました。しかし、先ほど記したように、支援の実施と本人の行動のいたちごっこはいまだに続いているため、現在は通所先との情報共有や他のスタッフと一緒に支援方法を模索しているところです。

## この仕事の魅力とモチベーションについて

強度行動障害のある人への支援で成果を出すには、かなりの時間が必要であり、また難しいとよくいわれます。私も入職して数年でそのことを実感しているところです。現在、この問題に奮闘しているところですが、それもこの仕事の醍醐味であり、魅力の一つだと思います。福祉の仕事は利用者の身の回りのお世話（食事や入浴、トイレの介助）をすることがほとんどと考えている人が多いと思います。確かにそういった仕事内容も含まれますが、何よりも**利用者の気持ちに寄り添いながら行動を分析し、根拠ある支援を考え実践していくこの過程が、私は楽しいと感じています**。まだまだ知識・経験不足で至らない点がありますが、他のスタッフと一緒に利用者の生活がよりよいものになるように努めていきたいと思います。

先輩B

支援を進めていくうえでは、結果だけでなく、経過と変化を追うこともやりがいを感じます。

仕事に対するモチベーションの維持・向上について、上司からのアドバイスに私も共感しましたので紹介させていただきます。それは「利用者の様子や仕事の成果をまとめとして残す」ということです。日々の業務に追われがちな仕事ですから、行動を分析したデータや実施した支援内容・**結果等をまとめ、スタッフ自ら目に見える形に残すことで、これだけのことをやってきたのだという自信にもつながるとのことでした**。実際に、私たちの職場では、年度末にそれ

先輩A

いいね！
支援の結果を見える化しチーム全体で共有することは、次の日からの支援のモチベーションにもつながりますね。

らをまとめたものを作成し、家族との面談時に報告しています。そこでお互いに新たな気づきや、**家族からの感謝の言葉をもらえることも仕事のやりがいだと感じています。**

先輩B
家族からの感謝の声は励みになりますね！

## 行動の機能と肯定的なかかわり

### 行動障がいを抱える利用者と初めてかかわったときのこと

私が障がい者福祉の世界で本格的に働き始めた通所施設で初めて担当したのが、行動障がいを抱える利用者ジロウさんでした。

通所初日のことです。遠くから大きな声で泣きわめきながら家族に引っ張られるようにして、施設の玄関までやっとたどりついたジロウさん。周りにいるスタッフを見るや否や、スタッフに手が出る、ガラス窓や靴箱を強く叩く、自分の顔を拳で激しく叩く等の行動を目の当たりにして、当時の私はその様子に圧倒されて何もできませんでした。正直言って「この仕事、ちょっと無理かもしれない……」と、一瞬頭をよぎったことは、今でもよく覚えています。

### なぜ、そのような行動をするのだろうか？

不安な気持ちを抱くと同時に「ジロウさんは、なぜ自分の顔を激しく叩くのか。スタッフに向かってくるのか」が心のなかで引っかかっていました。私たちと同じ人間であるにもかかわらず、なぜそのような行動をとるのかについて、理解したいという気持ちに傾いていったのです。

仕事を辞めることで行動障がいを抱えている彼らから逃げるのではなく、むしろ彼らの気持ちを理解してかかわることができるようになってから、仕事を辞めるか否か考えようと思っていました。ですが、気づいてみると、彼らの気持ちを理解し支援することの難しさや奥深さを感じながら、いまだに行動障がいの人たちにかかわる仕事を続けて20年以上になります。

## 行動を見ることの大切さ

行動障がいを抱える人たちの支援を行う際には、まずその人が「なぜそのような行動をとるのか」を理解することが大切です。それは、本人の側に立って本人の想いやニーズを理解することであるともいえます。ニーズとは一般的に「〇〇がほしい」や「△△はしたくない」等、要求や拒否も含めた本人の希望を指します。つまり、そのような行動をとるのは、要求や拒否等の何らかの「ニーズの表出」ととらえることが重要です。

コミュニケーションに生きづらさを抱える本人たちのニーズを理解するためには、**行動障がいという表面的な現象にとらわれるのではなく、客観的に観察できる行動やそれを取り巻く状況を手がかりにして、彼らのニーズをくみ取ろうとする姿勢が大切**であると感じています。

行動障がいの有無にかかわらず、本人のニーズをどのようにしてくみ取るかはスタッフにとって大きな課題です。

## 行動の意味を考える

前述したジロウさんと初めて出会ったときのことを振り返ると、ジロウさんの激しい行動障がいの部分や「痛くないのかな？　人を傷つけるなんて……」等といった情緒的・常識的な側面にしか意識が向いていませんでした。これでは適切な支援の糸口は見えてきません。そのような表面的なとらえ方や一時的な感情はいったん脇において、**行動障がいが「どのようなニーズの表出を意味しているのか」、つまり、行動の意味を理解するという支援技術を身につけることが重要です。行動の意味を理解するためには、**

**その行動と行動の前後の状況を把握することがポイントになります。**

たとえば、スタッフに対して拳を振り上げて威嚇するサブロウさん。威嚇する行動とその前後の状況をよく観察すると、サブロウさんが特に何もすることがない自由時間に、スタッフを見かけるとそのスタッフに近寄り、「叩くぞ！」と言いながら拳を振り上げていました。それに対して、スタッフは「やめてください」とサブロウさんに声かけをしながら、振り上げた拳を下ろそうと身体に触れる等、スタッフの声かけやかかわりが多くなる傾向がありました。以降、同じような場面で同じような行動が起きやすく、スタッフも同じような対応がくり返されていました。

この場合の行動の意味は、「威嚇する行動」がスタッフからの声かけやかかわりを増やす意味があるのではないかと考えることができます。言い換えると、「スタッフさんにもっとかかわってほしい」というサブロウさんのニーズとしてとらえることもできます。

行動の意味を考えるためには、そういうものの見方に慣れる必要があり、スタッフ側にもそれなりのトレーニングが必要だと感じています。私自身、支援以外の場面においても周囲の人の行動を観察し、その人の「行動の意味は何かなぁ」と考えるクセをつけるようにしていました。

## アプローチの方法

「行動の意味がわかる＝本人のニーズをある程度理解できる」といえますので、スタッフはそのニーズに沿った支援を提供すればよいということになります。

たとえば、先ほどのサブロウさんの場合、威嚇する行動がスタッフからの声かけやかかわりを増やすといった意味があるのではないかと推測されました。そこで支援の方向性としては、サブロウさんが威嚇する行動の結果、スタッフとのかかわりが増えるという文脈から、周囲の人にも受け入れられやすく、サブロウさんも行いやすい別の適切な行動を教えて使えるようになることで、スタッフとのかかわりが増えるといった文脈に替えていく支援が考えられます。

実際には、スタッフに対して、威嚇する行動の替わりにスタッフの前に自分の手のひらを差し出してタッチを求める行動を教えることで、スタッフとのかかわりが増えるように支援しました。取り組み当初は手を差し出すことを拒否する様子もありましたが、徐々に拳を振り上げた後にスタッフの前に自分の手のひらを見せて差し出すようになり、ついには拳を振り上げることなく自ら自分の手のひらを差し出し、スタッフにタッチを求める行動へと置き替わっていきました。「かかわってほしい」というサブロウさんのニーズに対して、威嚇する行動ではなく、手を差し出すという適切な行動がとれたときに応えるようにしたかかわり方がうまくいきました。

このように、本人のニーズに沿った支援が提供されれば、もはや行動障がいを起こす必要がなくなってきます。支援をする際、**本人の希望を理解し、それに沿った支援を行った後に利用者が笑顔になったり、楽しそうに活動に取り組んだりする様子を見たとき、「この仕事は楽しいなぁ」と感じます**。こういうごほうびはなかなかもらえるわけではありませんが、その分ごほうびをもらえたときの喜びは格別です。

私はサブロウさんの支援を通じてお互いになんとなく「わかりあえた」と感じたことがありました。**気持ちが通じ合ったときの、何ともいえない一体感や心地よさを体感できることは、この仕事の醍醐味**だといえます。

## 落ち着くことを目的とするのではなく生活の豊かさのために

行動障がいがゼロになることが望ましいのですが、スタッフが行動障がいをなくすことだけに焦点を当ててしまうと、毎日の支援やかかわり方に無理や焦りが生じてしまうのではないかと感じています。**支援の目指すと**

**ころは、行動障がいを抱えた利用者の行動障がいを軽減し、落ち着かせることだけではなく、その先にある豊かで充実した日々を送れるように利用者をサポートすること**だと思います。

生活の豊かさについては、いろいろな考え方があると思いますが、私の職場では、以下の視点から利用者の生活の質をとらえるようにしています。

- 安全で安心した環境で生活できているか
- 納得して意義のある活動に取り組めているか
- 利用者に適した手段で十分なコミュニケーションが取れているか
- 自分で物事を決める機会がどれくらい用意されていて実際に選択できているか
- 体調や睡眠、食欲や排せつ等の健康面の管理はできているか

これらの視点をもとに、利用者一人ひとりの特性や興味・関心、好きなことや得意なことを取り入れて、1日のスケジュールや過ごし方を組み立てるようにしています。

毎日が充実した生活を送ることは当たり前ですが、これが行動障がいに対する予防的な支援につながると考えています。予防的な支援を行うためには、事前の準備が欠かせません。居室の環境設定や課題の作成、外出先で使うツールづくり等を職場のみんなと話し合い、アイデアを出し合って準備する時間は、次の日のスムーズな支援へのワクワク感や期待感みたいなものも相まって前向きな気持ちになれます。

## どうしてもうまくいかない（手立てが見つからない）ときには

スタッフへの他害や物壊し、床や壁に激しく頭を打ちつけるゴロウさんの支援を行ったときのこと。その行動障がいの激しさや難しさから、なかなか支援の手立ても定まらず、支援の効果も実感できないなかで、職場内でも「ゴロウさんを自分たちで支えるのは無理なのでは……」といった重

苦しい雰囲気が漂い、気持ち的に追い詰められたことがありました。

**このような状況に陥ったとき、私は心がけていることが二つあります。一つ目は、利用者もスタッフ自身もともに楽に過ごせる場所や活動は何かな？と考えること。二つ目は、他者に相談するということです。**

ゴロウさんの場合、ふとした思いつきで、当時事業所のそばにあった海で過ごすという活動に取り組んでみようと考えました。海の中では、頭を打ちつけるような自傷はできませんし、浮き輪につかまっているので、他害も起きません。スタッフもその間はピリピリすることが少なくなり、お互い穏やかに過ごせる時間が増えました。支援の糸口が見つからないときは、既存の支援や場所にとらわれずに、発想を変えてみることも一つの方法ではないかなと感じています。

また、他者に相談することで、自分たちの支援を俯瞰的にみてもらうことも必要です。自分たちだけで考えていると、どうしても視野が狭くなってしまいます。幸いにも私たちの周りには相談できる専門家や他事業所の仲間たちがいました。自分たちの支援を相談することは、少し勇気が必要かもしれませんが、他者の力を借りて自分たちに足りなかった視点に気づきを得られるということは自分自身を楽にしてくれますし、何より支援者としての成長につながる大切な営みだと思います。

### 先輩からの一言

- **表面的な現象ではなく、客観的に観察できる行動や状況を手がかりに考える。**
- **行動の意味を理解するためには、その行動と行動の前後の状況を把握する。**
- **行動障がいを軽減するだけではなく、その先にある生活の豊かさを見すえてサポートする。**
- **利用者もスタッフ自身もともに過ごせる場所や活動を模索する。**

エピソード6
チームプレイの基本

# チームとしてのかかわり

## PROFILE

■強度行動障害のある人の支援をはじめて7年。現在は、福祉型障害児入所施設に勤務。

■好きなものは、ビールとハイボール、麦焼酎。好きな麻雀の役は、一気通貫、対々和。

### 強度行動障害を示す人にかかわるきっかけ

先輩B
いいね！

私は大学生のときに、10日間の泊まり込みの施設実習を経験しました。実習では、**障害のある人の支援や言語コミュニケーションの豊かさに加えて、農業や窯業など日中活動を一緒に行う楽しさに魅力を感じ**、将来は障害のある人とかかわりたいと福祉職を志し、大学卒業後は社会福祉法人に入職しました。新人の1、2年目は頼れる先輩の下だったため、支援に対して深く考えることもなく、人と人がかかわる仕事っておもしろいな、毎日楽しいなと思いながら、中・重度の利用者を支援していました。のんきに過ごしていた3年目の4月、障害者支援施設における生活棟の建て替え工事完了と強度行動障害ユニットを担当していたスタッフの異動などさまざまなことが重なり、強度行動障害のユニットを担当することになりました。決して自ら手をあげてかかわりたいと志願して、ではありません。ですが、**自分では「抜擢された」と思うようにしています**。心構え

先輩B
支援の環境が変わることを前向きにとらえて取り組む姿勢が素敵です。

もなく、突然強度行動障害ユニットを任せられ、さらに新しい建物、ユニットの環境で支援するスタッフのマニュアルや支援手順書、体制づくりに取り組むことになり、怒涛の日々が始まります。

## 見えてきた支援面、ハード面、ソフト面でのハードル

利用者10名、スタッフ6名の体制でスタートし、今までたくさんの先輩方が培ってきた情報やスキル、支援手順書を参考にしながら利用者の新しいユニットでの生活を組み立てていきました。**毎日のように更新していった支援手順書、統一した支援を目的に声かけや支援手順を動画にするなどの工夫をしたり、先輩にアドバイスをもらったりしながらの試行錯誤の日々でした。**

先輩A

いいね！
試行錯誤して取り組みつづけたこの経験が、これからの財産になりますね。

さまざま場面で儀式的なこだわりがあり2～3時間動きが止まったままになる、さらに服が着られない、トイレで排泄ができない、激しいパニック時にはスタッフに噛みつき、頭蓋骨が骨折するほどの強さで自傷するタロウさん。日中の空白の時間や見通しのない時間に床へ頭突きをする自傷行為があり、平手打ちなどの他害行為や不快な大声、強迫的な飲水があり、激しいときにはトイレの便器の中に顔を突っ込むナオキさん。衣類やぬいぐるみに強いこだわりがあり、一定の衣類のパターンしか着られず、そのため汚れていても衣類を洗濯に出すことができない、明け方になるとユニット、他の利用者の居室のカーテンを開ける、他の利用者の過ごす位置や場所にもこだわり、無理やり押したり引っ張ったり、平手打ちをして動かそうとするキヨマサさん。異食があり落ちているものは何でも口に入れ、時には他の利用者の衣類や布団のタグをちぎって異食する

カズタカさん。IQが測定できないほどの最重度知的障害とてんかん発作、骨粗鬆症もあり、てんかん発作時に打ちどころが悪ければ骨折してしまうヒロキさん。飛び出しがあり県外まで出て行ったこともあるユウイチさんなど、10名の利用者それぞれ障害特性やこだわり、課題が異なるなかで、スタッフは早出、日勤（女性）、遅出、夜勤の体制で、夜間帯以外は常に２名以上で支援できるように配置して取り組みました。

新しいユニットでスタートを切ったものの、**異食する利用者がいるため、角ばった危険なところにクッション材を貼れない、絵カードや細かな題材なども異食してしまうため活動に制限がかかるという状況でした。**また、マニュアルや支援手順書、スケジュール、絵カードなどの題材を準備する時間の確保が難しく、さらにユニットになったことで私を含め一人ひとりのスキルアップや障害特性の理解が不可欠でした。交差勤務のため、誰でもわかる、誰でもできる支援手順書づくりなど、支援面、ハード面、ソフト面と、**課題とやるべきことが明確になってきた反面、ゴールが見えず途方に暮れたことを覚えています。**

## やりがい、うれしい瞬間―タロウさん家族を通して

新たにスケジュールや支援手順書を導入し、新しい日課に沿って利用者が過ごすなかで記録用紙の課題行動が減少するなど成果が出たうれしさはもちろんですが、担当ユニットの利用者の障害特性の理解や接し方が深まり、**会議などで周りのスタッフからもらうよい評価がうれしかったことも覚えています。**たくさんあるエピソードのなかで一番濃く残っているのは、タロウさんの家族からもらった言

葉です。

タロウさんの家族は、片道1時間以上もかかる自宅に2週に一回は必ず連れて帰るなど大変熱心で、タロウさんを思ってさまざまな指摘をもらうこともありました。そんな元気だったタロウさんの父親が体調を崩して入院したと連絡が入り、タロウさんの帰宅がしばらく延期になったことがあります。そんななか、タロウさんの母親から「タロウが不安定になるから、弱っている姿を見せたくないとずっと夫は意地を張っていましたが、**あまり長くないことがわかり、『タロウに会いたい』と気持ちが変わってきました。どうにか会わせることはできないでしょうか？**」と連絡が入りました。急遽日程を決め、タロウさんにスケジュールと同行するスタッフを提示し、なんとか入院先の病院まで行き、面会できるよう準備しました。**父と息子の久々の再会でしたが、タロウさんにも満面の笑みがこぼれるほど穏やかな時間を過ごせました。**タロウさんの父親から「本当にタロウはご迷惑をかけるし難しいが、ただいろいろな人に恵まれました。今までたくさんのスタッフの方にかかわってもらったが、どの方の名前も顔も覚えています。**最後にあなたが担当で本当によかった。タロウと同い年ぐらいだし、最初はよい支援ができるものかと思いいろいろと小言が多くて申し訳なかった……。今日、こんなにタロウが笑顔を見せてくれるとは……。本当にありがとう**」と涙ぐみながら、言葉をもらったことが心に残っています。しばらくして亡くなったのですが、タロウさんの母親からは「最後の最後まで、タロウの心配と面会時に満面の笑みが見られたな〜っと話していました。あなたのおかげでタロウもお父さんも生きているうちにお別れができ、私にとっ

先輩B
家族の気持ち、家族の判断。支援を考えるうえで大切にしたいですよね。

先輩A
いいね！
家族のニーズが満たされた瞬間に立ち会えた貴重な経験ですね。福祉の仕事ってすばらしい。

先輩B
支援者として存在する自分を認めてもらえる場でしたね。かかわりつづけることで得られる貴重な体験だと思います。

ても幸せな時間でした。心残りのない見送りができました。本当にありがとうございました」と言葉をかけてもらいました。うまく表現できませんが、**今までやってきたこと、タロウさん家族から素敵な評価をもらえたことはうれしく、何か報われた気持ちになったことを今でも覚えています。**

先輩A

いいね！
利用者のみならず、家族からの励ましや感謝の気持ちはとてもうれしいものですね。

## 利用者の魅力、私自身が支援で大切にしていること

2016（平成28）年度に受講した岡山県強度行動障害スタッフ養成研修で「飯田雅子先生は、強度行動障害のある人を支援すると『産物をいただく』と表現されていた」という講義を聞きました。当初は何のことだかさっぱり理解できませんでした。ですが、今は実体験を通して支援の引き出しが増えたこと、氷山モデルやストラテジーシートなど活用できるようになったこと、**さまざまなことをポジティブに受け止められるようになったことで、「『産物をいただく』とはこういうことか」と理解できるようになり**、それが強度行動障害のある人の支援の大きな魅力の一つであるとらえています。

先輩B

経験のなかで「産物をいただく」ことに気づける支援者でありたいですよね。

強度行動障害のある人にとっての豊かな暮らし、豊かな活動を考えるうえで私自身が大切にしていることは、「先入観や過去の経験で物事を見ていないか」「**障害や特性に合わせた支援環境のなかで忘れがちな『人として当たり前』の生活かどうか**」「利用者がその人らしく、人として当たり前の生活が送れるための支援とは何か」など、柔軟な考えや発想を忘れずに取り組むことです。

先輩B

支援する対象は自閉症という障害ではなく、「一人の人」であることを大切にしたいです。

## 乗り越えた壁—チームとして、チームリーダーとして

私は今チームリーダーとして、いろいろな壁に対してポ

ジティブにとらえ、些細なことでも話し合えるチームづくりや、みんなで仕事を分担できるよう各々得意なこと、任せたいこと、苦手なことなどのマネジメントを心がけてきました。また、取り組みに当てはまるかわかりませんが、**相談や話を受ける際、仕事の手を止め、体を向けて話を聞くという上司の姿勢は、自分も見習うべき大切にしたい点です。**

先輩A

よく気づいたね！
相談に乗るときの基本姿勢です。上司の姿勢から学ぶことができるとても雰囲気のよい職場ですね。

チームリーダーとして、支援の云々や障害特性など、支援の奥深いところを話すこともありますが、チームのメンバーには次の三つの基本、①支援の基本は簡単ですぐできることから始めましょう、②人それぞれ「当たり前」や「普通の生活」は違うかもしれませんが、自分だったら嫌だな、他の人から見たらその支援はどうなのだろう？と客観的に考えましょう、③上司、スタッフ全員が理解、納得できる根拠の準備をしましょう、と伝える程度です。メンバーのみんなが一丸となって一生懸命支援に取り組み、障害特性に応じた支援内容や統一した支援方法を考案してくれるので、あとはうまくチームが機能するよう舵をとり、**「リーダーがいれば安心」と言ってもらえるよう最後の砦としてドッシリと構えています。**

先輩A

いいね！
支援を展開するうえでグループや組織のリーダーの役割はとても大切です。そのベースはお互いの信頼関係ですね。

たくさんの課題はありましたが、チーム一丸となって取り組めたこと、そして仲間に恵まれたことが乗り越えられた大きなポイントだととらえています。どのような職場でも、口を揃えて同じようなことを言われていると思いますが、**支援において一人で頑張っても限界がありうまくはいきません。**なかには、人を頼ったり、人に頼られたりすることが苦手な人はいると思います。それでも、チームで利用者を支えて、そしてスタッフ自身もチームに支えられて、

先輩A

よく気づいたね！
どんなに支援が上手な人でも、その人だけでは支えつづけられませんね。なので、チームの存在が必要になります。

この循環こそがよい支援、よいチームアプローチにつながると思います。

## チームで困難さに向かう先に

### 強度行動障害のある人との出会い

私自身が強度行動障害の事業に携わったのは、入職6年目の1996（平成8）年。私の勤めていた施設が国からモデル事業として受託していた「強度行動障害特別処遇事業」の部署に配属されたのが始まりでした。強度行動障害のある人の支援をするようになって、27年になります。

当時17歳のユウヤさんとの出会いが、私のこの仕事に対する価値観を変えてくれるきっかけとなりました。ユウヤさんが入所する少し前に、上司と一緒に家庭訪問に行く機会をもらいました。家の中に入るとリビングの壁は穴だらけで、それを塞ぐため全面にコンパネ板が張りめぐらされていました。テレビは投げられないように分厚い板に囲まれていて、食器棚の扉は壊され、当然食器は何も入っていない状態でした。

毎日のように続くユウヤさんの他害行為や物壊しに、両親ともに疲れ果てていました。「これは何とかしなければ」という思いと、「私たちの実力でちゃんと支援ができるのだろうか？」と、ものすごいプレッシャーと不安を感じたことを今でもよく覚えています。そして、ユウヤさんが入所してからまもなくその不安は的中し、一日中断続的に起こる他害行為（特に蹴りが激しく見られました）、物壊し、自傷行為、異食と、こちらの気が休まる間もないほど大変で、また、ユウヤさん自身も悲痛な表情を浮かべながら、どうしていいかわからないといった混乱の極みの様相を毎日呈していました。

そんな状態が１年半ほど続き、私たち４名の強度行動障害チーム（レインボーチーム）も、「どうやってもよくならない……」と半ば支援をあきらめかけていたのです。

## 経験者に相談することの大切さ

そんなあるとき、当時厚生科学研究の「飯田班」という神奈川県にある弘済学園園長の飯田雅子先生が率いる行動障害支援のプロフェッショナルチームがあること、さらにここ岡山で事例検討会が開催されることを知りました。

そして、このユウヤさんの状況を事例報告として相談したのです。そのとき、飯田班メンバーのT先生から、「こんな言葉の理解が難しい人に対して、言葉での指示が多すぎる」と指摘をいただき、「もう一度本人が理解でき、見通しがもてるスケジュールの組み立てと情報の提供方法を整理し直す」ことと「基本に立ち戻る」内容のアドバイスをもらいました。

私たちのチームは、指摘されたことはもう今までも十分にやってきたつもりでしたので、正直「いまさら、またやっても……」という感じでした。しかし、レインボーチームの主任だったNさんが「私たちは、今まで支援をしっかりやっているつもりだったけれど、知らず知らずのうちに“どうせ”という気持ちが芽生え、だんだんと雑になり、バラバラな支援になっていたのではないかな」「もう１回だけ、原点に戻って基本に忠実にやってみよう」と声が上がりました。

そこから言葉での指示を究極的に控え、ユウヤさん本人がわかること、できることをあらためて探し、毎日ユウヤさんのなかでわき上がってくる「わからない」と「わかってもらえない」の状況を、一つでも二つでも「わかった」「わかってもらえた」に変わるよう、チームだけでなく、変則勤務に入る他部署のスタッフにも協力を仰ぎながら、「統一」と「継続」をキーワードに支援を積み重ねていきました。

最初は全くと言ってよいほど変化はなかったのですが、支援を開始して2か月が過ぎた頃から少しずつユウヤさんの行動に変化が見られはじめました。明らかに表情が穏やかになり、行動障害に至る回数もグンと減ってきたのです。

そして支援を続けて1年が過ぎた頃には、ほぼ全くと言ってよいほど行動障害が見られなくなり、笑うことも増え、体重も増加し、集団での活動にも参加できるまでになりました。

## 立ち戻らなければならない「支援の基本」とは?

ユウヤさんの行動改善が図られた最初のきっかけは、T先生をはじめ、飯田班の各メンバーからのアドバイスでした。

そのほとんどが、スペシャルな裏技的な方法などではなく、**基本に基づいたことを丁寧に続けていくことの必要性**を説く内容でした。今考えれば、その当時の私たちの支援は、飯田班の方々の目には、方向性は間違ってはいないけれど、あまりにも基本を見失い、さまよっているように映っていたのだと思います。そして何より私たちが一番見失っていたことは、**支援のノウハウを考える以前の、言わば「本質」の部分――「相手を変えようとするのではなく、自分たちのとらえ方、考え方をまず変える」――ということ**だったのではないかと思います。

私たちは、心の余裕のなさから、視野も考え方もどんどん狭くなってしまっていて、「なぜこんなにやっているのに、ユウヤさんは変わってくれないんだ」と、自分たちが行っている支援とユウヤさんとの間に生じたズレに気づかず、相手を変えることばかりに躍起になっていました。ユウヤさんに合わせた支援ではなく、支援にユウヤさんを合わせようとする行為をずっと続けていたのです。そしてやればやるほどうまくいかず、対応が雑になっていくというスパイラルに陥っていました。

あのタイミングで、飯田班の方々に相談しなければ、自分たちだけで振り返り気づくこともできず、ずっと我流を貫いてしまっていたかもしれません。**経験のある人や他の専門分野の人等、第三者の目で見てもらうことの大切さを、身をもって学ぶことができました。**

## チームワークに欠かせないのは、やはりリーダーの存在

行動改善のきっかけとなったのが飯田班のメンバーからのアドバイスでしたが、そこから具体的な支援を実践する中心メンバーは私たちでした。前述したとおり、支援開始してしばらくは全く変化がなく、いつものように悲痛な表情で行動障害をくり返すユウヤさんがそこにいました。

また、「どうせ」という思いが芽生えそうなときもありましたが、リーダーのNさんがちょっとした状況に対しても「今日の○○さんの支援のやり方、すごくよかったよ」とか、「今は結果につながっていないけれど、やり方は間違っていないから、頑張って続けていこう」などと、チームスタッフに向けて前向きな声かけをしてくれていました。そのおかげで、私たちスタッフの心が折れずにユウヤさんの行動の改善までたどりつけたのではないかと思います。

現場で頑張っているスタッフは、「この方法で本当によくなるのだろうか？」「いつになったら効果が現れてくるのだろうか？」と、常に「先の不安」と向き合いながら今の支援を続けています。

だから**リーダーは、この支援の先に描かれる未来を語ることが大切なのです。それにより現場スタッフに共通したイメージが描かれ、支援が揺らぎにくくなり、やがて「希望」にも変わっていく**のだと思います。

後になってNさんに「あのとき、“この方法で間違っていない”と言えたのは、何か自信があったのですか？」と聞いてみました。実はNさんは、飯

田班の発表以来、T先生と連絡を取り合うようになり、ユウヤさんの状況を時々相談してはアドバイスをもらい、それを参考にしていたとのことでした。Nさん自身も根拠なしでは「必ずよくなる」とは言いにくかったと思います。

やはりそこでも、専門性をもって客観的に見てくれる人の存在のおかげがあったのでした。

## チームに必要なのは「明るさ」と「仲のよさ」

ユウヤさんの件に限らず、強度行動障害のある人への支援では、ストレスに感じることもとても多いと思います。そんなとき、チームの仲間の存在は、とても大きな影響を及ぼします。

私の経験やいろいろな施設、事業所、企業等を見てきていえるのは、**チームワークのよいところに共通しているのは、結局「明るさ」と「仲のよさ」**だということです。もちろん賑やかなだけとか、なれあいになってしまっているといったことは論外ですが、土台の部分にこれらの要素があるかないかで、現場スタッフのモチベーションは大きく変わってきます。そして何よりチームの雰囲気の良し悪しは、利用者の生活にも多大な影響を及ぼしていると思います。

リーダーの一番の仕事は、チーム内をよい空気感に変えていくことではないでしょうか。

## 強度行動障害支援は最高の人財育成につながる

「強度行動障害の支援に携わった人は産物をいただけます」——冒頭で紹介した飯田雅子先生の言葉です。

**強度行動障害のある人への支援に携わることによって、私自身、スタッフとしても、また人としても大きく成長することができました**。また、法人・地域を越えて、多くの成長を遂げた人たちもたくさん見てきました。その人たちから聞いたことや私自身の経験から私が考える四つの「産物」を最後に記したいと思います。

**❶難題に向き合うことで養える支援力**

行動障害をあらわす人と日々向き合っているスタッフは、簡単に答えのでない課題と常に向き合い、学び、試行錯誤しながら答えを求めていくことに挑戦しています。この積み重ねにより、問題解決に必要な気づき力や発想力、応用力などが確実に向上していきます。

**❷課題を解決することで得られる自信、達成感**

それらの能力を駆使し、努力することで難しい課題を乗り越えられたという経験を積むことで自信が芽生え、「困難なことが訪れても前向きに挑戦する姿勢」が身につきます。

**❸人の役に立つことの喜び、仕事に対する価値観の変化**

自分たちの行った支援が、その人自身の豊かな人生を送ることにつながるだけでなく、家族の幸せにも連鎖していく。それをダイレクトに目の当たりにする経験は、自分の自信や達成感だけでなく、人の役に立つことの喜びを知り、仕事の価値や意義をもっと深い部分で見つめ直すことができます。そして、さらに大きな使命感が培われ、新たな挑戦意欲が芽生えてくるのです。

**❹リーダーとしての人財育成**

そしてチームで一丸となり支援を進める経験からリーダーシップやマネジメント力等が養われ、主体性をもったリーダー的人財に成長していく可能性も高まります。しかもそれは、一施設のリーダーとしてだけではなく、地域を代表する、また全国で手腕を発揮できる実力を兼ね備えた人財にまで成長していくことも可能であると思います。

現に私の周りの強度行動障害支援に携わっている人のほとんどが、専門家として高い知識や技術をもっているだけでなく、人としても志が高く、そして優しく穏やかな人ばかりです。強度行動障害のある人の生きづらさ、支援する側のしんどさなど、双方の気持ちが理解できるからこそ、得られた力なのではないでしょうか。

### 先輩からの一言

- **相手を変えようとするのではなく、自分たちのとらえ方、考え方をまず変える。**
- **支援に悩むときには、経験のある人や他の専門分野の人など、第三者の目で見てもらうことも大切。**
- **リーダーの一番の仕事は、チーム内をよい空気感に変えていくこと。**
- **強度行動障害のある人への支援に携わることで、スタッフとして、人として成長することができる。**

エピソード7

## 行動障害と虐待防止

# うまくいかなかったことから学ぶ

PROFILE

■強度行動障害のある人の支援をはじめて6年。現在は、障害者支援施設に勤務。

■好きなもの（こだわり）は、夜勤中に小籠包を食べること。

### 障害者福祉との出会い

私は現在、障害者支援施設で働いて7年目です。利用者は重度の人が多く、強度行動障害にあたる人も暮らしています。もともと障害者福祉に関心をもったのは大学生の頃です。たまたま先輩の勧めで障害児の余暇支援サークルを知り体験に行くことにしたのですが、障害のある人とのかかわりはそれまでほとんどなかったため、初めての活動のときにはコミュニケーションの取り方がわからず戸惑いました。ですが、1日の活動を終えると、「楽しかった」「もっと子どもたちのことを知りたい」という思いになり、サークルに入りました。くり返しかかわるなかで、徐々に接し方がわかるようになり、子どもたちのさまざまな表情、言動に癒されている自分がいました。今思えば、強度行動障害に当てはまる子どももいたのですが、**よくも悪くも深く考えず、ただ一緒に楽しく過ごすことを考えていました。**その後、実習やインターンシップ等で障害者福祉の現場に

先輩B

人と人が付き合うこと。支援という枠組み以前に大切なことだと思います。

足を運び、いきいきと働く職員の姿を見て、私も障害者福祉の現場で働きたいという思いが生まれました。

## カオリさんのこと

入職後、配属された障害者支援施設は自閉症の利用者が多く、ユニット制でした。学生の頃に障害のある人とのかかわりが多少あったとはいえ、個別に配慮が必要なことが多く、わからないことばかりでした。ユニットの職員配置は基本的には１名で、**一人仕事が中心だったため自身の対応に常に不安を抱えながら働いていました。**

先輩A

共感！
同僚や先輩の存在のありがたさが身にしみますね。私は不安を同僚や先輩に聴いてもらうようにしていました。

入職１年目は、印象的な出来事が次々と起こりました。６月のある夜勤明けの日、私が朝食の対応をしていると、隣のユニットから不安定な声を上げながらカオリさんが「カラーボックスあけて」というカードを持ってきました。カラーボックス内にはカオリさんの安心グッズ（外出のカード等）が入っていました。私は食事対応中だったため「ちょっと待ってください」とベンチに座ってもらいました。すると、さらに不穏な声を上げながら壁への頭突きが始まり、**私のもとへ来て、頭突きと腕に噛みつく行動がありました。もちろん痛かったですし、本当に恐怖で膝がガタガタと震えました。**その後しばらくしてクールダウンされましたが、私はショックを受け、自分自身の対応についてどうすべきだったのか悩みました。他の職員は「怖かったやろ？」「食事見守り中にできるだけの対応はよくやったよ」と声をかけてくれたので、なんとか私なりに気持ちを落ち着けることができました。私は「怖いと思うことがいけないこと」と勘違いしていましたが、そうではないということを知りました。**私にとってまだ深く知らないカオリさん**

先輩B

振り返って考えると、理由があったと思えるかもしれませんが、衝撃でしたよね。

**は怖かったですし、カオリさんにとっても新しい職員だった私は未知で怖い人だったのかもしれません。**

先輩A

よく気づいたね！
利用者も同じように不安を感じているということに気づけたことで、本人の気持ちに寄り添えますね。

## リョウヘイさんのこと

カオリさんの出来事から約2か月後のある日、私はいつものように出勤しました。施設の門を開けてすぐ、リョウヘイさんが突然私に駆け寄り、私のカバンを奪って中身を探り始めました。リョウヘイさんは当時40代前半の男性で、力も強く、私には到底止めることはできませんでした。過飲水（多飲水ともいい、飲む量がコントロールできない状況のこと）という特性がリョウヘイさんにはあるため、とっさにお茶を地面に流したのを覚えています。すると、リョウヘイさんはカバンの中に入っていた私の昼ご飯を開封し、脇目もふらず食べ始めました。忘れもしませんが、その日の昼食はコンビニで買った冷麺でした。リョウヘイさんは急いでかき込むように食べ、誤嚥しました。唇にはチアノーゼが現れ、私は必死に手でかき出し、背中をタッピングしながら施設に電話し、応援職員を呼びました。なんとか異物は取れて呼吸は戻ったのですが、唇の色がなくなっていく姿を初めて目の前で見たときは本当に怖くて泣きそうでした。**命にかかわる仕事をしていることをあらためて実感した出来事です。**この出来事があって以来、しばらくはリョウヘイさんを見ることも怖かったですし、出勤することにかなりのエネルギーが必要でした。**出勤時は深呼吸して、画面に番号を表示したスマートフォンを手に持ち、すぐに連絡できるようにしてから門を開けていました。**

先輩B

場合によっては命にかかわることを意識しておきたいですよね。

先輩B

利用者の安全を守るためにできることから意識して取り組む。大切な視点です。

私にとってしんどい出来事でしたが、「**こんなにしんどい思いをしたのだから、楽しいことも経験したい！」とい**

**うちょっとした意地があり「1年は頑張ってみよう」と当時は思っていました。**そして1年経つと、少し見えてきたこともあるから「3年は頑張ってみよう」に変わり、3年経つ頃には楽しいこともたくさん経験して、仕事にやりがいを感じている自分がいました。

先輩A

すごい！
しんどい気持ちを前向きにとらえ直すことができる考え方って、仕事を続けるうえでとても大切なことですね。

## ミチコさんのこと

社会人2年目はミチコさんとのかかわりを通して、しんどいこともうれしいこともあった1年でした。ある夜勤の日、私がミチコさんの歯磨きの介助を行おうとしたところ、感覚過敏で脱衣行動のあるミチコさんは全裸で洗面所へ向かいました。居室に戻って着衣するよう促したところ、ミチコさんは怒り、後ずさりしました。その際に、足がもつれて後方へと転倒してしまいました。立ち上がることができず、泣き叫んでいたミチコさんをすぐに病院へ連れて行き検査をしたところ、左大腿骨を骨折していることがわかりました。数日後、手術は無事に終わりましたが、術後の安静保持が困難なため精神科病棟へ転院し、身体拘束も用いて過ごすこととなりました。病棟に様子伺いに行った際、**活気がなくなり変わり果てたミチコさんの姿を見て、私は胸が苦しくなりました。私の対応が違っていたらこのようなけがをしなかったのではないかと申し訳ない気持ちでいっぱいになりました。**約2か月後、ミチコさんは退院となりました。医師の話では、足の機能的には歩行も可能とのことでしたが、ミチコさんは歩く気力を失っている状態でした。そこからの支援の組み立て直しは難しく、**ミチコさんの気持ちに入り込みすぎて時には私もしんどくなってしまうことがありました。**職員間で意見交換するなかで、

先輩B

適切なかかわりを続けていても不利益を被らせてしまう場合もあります。そうならないために平時から対応を検討しておきたいですね。

先輩A

ポイント！
気がかりな利用者ほど、その利用者との適切な距離感は大切ですね。
職員間での意見交換がよかったと思います。

ミチコさんの楽しみを増やすことが､｢歩こう｣という思いにつながるかもしれないという話になりました。そして、まずは「食べることが好き」という強みを活かして食事のモチベーションを上げることからミチコさんと一緒に頑張ることにしました。病院では安全を優先したやわらかい形態の食事だったため、退院後も同様の食事形態となっていました。**食事を楽しみとしているミチコさんにとって料理の見た目や味はやはり大事であり、職員も大切にしたいと思いました。**

先輩A

よく気づいたね！
利用者の興味・関心に寄り添うことに気づけたことは、とても貴重な経験になりましたね。

そこで**栄養士や看護師と相談しながら段階的に食事の見直しを行いました。**チェック表を作成し、喉の動きや食べ方等の状況を把握しながら根拠をもって支援を進めていきました。その結果、ミチコさんは刻んだ通常の食事をとることができるようになりました。その姿を見て「あきらめないでよかった」という思いと、表現しがたい達成感を味わったことを覚えています。そして、気がつくとミチコさんは居室からリビングの食事席に自ら移動したり、ユニット外の自動販売機にジュースを買いに行こうとしたりと、また歩き始めていたのです。階段を駆け上がってお風呂場まで行ったときには思わず笑ってしまいましたが、うれしくてたまらなかったです。

先輩B

課題の解決に向けて他職種との連携が有効な場合も多いですよね。

## まとめ

強度行動障害のある人にかかわる支援者は、内容は違えどきっと同じように悩み、しんどい時期があるのではないかと思います。人対人なので、苦手意識のある利用者もいますし、時には理不尽だなぁと思うこともあります。ただ、**その人の行動の一部が苦手なだけで、その人自身は心優し**

先輩B

先入観や支援者の想像でその人像をつくり上げてしまわないようにしたいですよね。

**い性格をしていたりします。**普段は「死ね」「だまれ」等ときつい言葉をたくさん発している人も、外出時にはおやつを職員に分けてくれようとします。その優しさにふれると嫌なことも帳消しにしてしまうくらい温かい気持ちになります。私が悩んでいた時期に、ある利用者の居室にお邪魔してベッドに並んで腰かけたとき、頭にポンと手を乗せてくれたことがあり、思わず涙が出ました。このように利用者に癒されることは少なくありません。「支援する人」と「される人」ではなく、ごく普通の関係性になれたとき、私はうれしいと感じることが多い気がします。また、うれしいことがあればつい他の職員に話してしまって、「私はこの仕事が好きなんだなぁ」と実感します。

また、**結果はすぐに出ませんが、ふとしたときに利用者の暮らしが以前よりもよくなっているということに気がつき**、「この人にかかわりつづけてきてよかった」と思いますし、この仕事のやりがいを感じます。しんどかった出来事があると、その先に起こる喜びもまた大きなものになります。「悲しい・しんどい」出来事と「うれしい・楽しい」出来事は表裏一体ととらえ、しんどい時期には美味しいものをいっぱい食べて、自分を甘やかしながら頑張っています。

先輩B

結果だけではなく、経過のなかでも気づけることはたくさんありますよね。

利用者の**特性を理解し、かかわることが大事だと言葉ではわかっていても、それを実行するのはそんなに容易ではありません。**だからこそ知識は必要だと思いますし、学びつづける努力をしようと思います。一方で、あまり頭でっかちになりすぎず、時には冗談も言いながら楽しく考えるようにしたいと思っています。この仕事は知識だけではわからないことがたくさんありますが、だからこそあらゆる可能性を考え、本気で悩めるのがいいですね。

先輩B

障害特性のある一人の人とうまくかかわる可能性を高めるために学びつづけたいですね。

# 危機対応と暮らしの質の両立

## はじめに

高校卒業後の進路を考える時期、身体障害者療護施設で勤務をしていた母親の影響もあり漠然と大学では社会福祉学部に進学。在学中に知的障害者の入所施設で４週間の実習をしたときに、施設で生活している人の暮らしぶりに魅力を感じ、障害分野での仕事に興味をもちました。

現在の法人に就職をして、現在勤務している施設のオープニングスタッフとして配属されました。強度行動障害のある人の支援をするようになって24年になります。暮らしを共にするなかで、うまくいかないことやつらかったこともありましたが、一緒に仕事をするスタッフに助けられて今も仕事を継続できています。現在は施設の管理者として施設を利用している人や家族への支援、施設で仕事をするスタッフへの後方からのサポートをしています。

## 強度行動障害のある人と生活のリスク

強度行動障害の状態にある人の暮らしを考えると、直接的な強い行動に伴い周囲の人との関係がうまくいかずにトラブルに発展してしまうことがたびたびあります。支援現場では人間関係を含む環境の調整への介入が日常的に起こっています。

強度行動障害のある人の暮らしのなかで、リスクが発生する理由は何でしょうか。まず一つには、知的障害に伴い一般的な危機管理が難しいという面があると思います。車の往来に注意をする、刃物などの取り扱いに注意をするといったような事柄への対応が困難なことがこれにあたります。

二つ目は、障害の特性から発生しうるリスクです。通常の危機管理という域を超えて、自身や他者の身体を傷つけてしまうことが見られる場面や、通常破損しない物を破損させてしまうこと、また行動自体は大きな課題ではないものの同様の行動を常時くり返すため、本人や周囲の人の暮らしに大きな影響がでてしまうといったことがあります。

このような行動の原因を考えるときには、自閉症の障害特性や学習スタイルに立ち返って考えてみることが必要だと思います。たとえば、実際の支援現場での経験として、不注意で欠けてしまった爪をくり返し触り、結果的に自らすべてはがしてしまうケンゴさん。特定の場面で掛け時計が壁から落ちて破損するのを目にしたことをきっかけに、同じ場面では同様に掛け時計を落とさないと納得できずに時計を払い落とし破損させてしまうコウジさん。通常であれば気にならないような小さなゴミを拾い集め、拾ったゴミを目の前からなくしたい思いで口の中に入れて飲み込んでしまい消化器に影響がみられたシュウジさん。重度の知的障害を伴う自閉症という共通の特性がある人でも行動のあらわれ方はさまざまで、一見すると理解できない行動を目にすることもありました。

このように**一般的な危機管理が困難ということに加えて、特性に基づく行動様式が影響して暮らしに大きな影響が見られることは、強度行動障害のある人の生活を考えるうえでのリスクとして考えておきたい**と思います。

この「リスク」という言葉、支援現場でもよく使用される言葉ですが、直訳の「危険」という意味だけではなく、「影響の不確かさ」という意味を含みます。強度行動障害の状態にある人に当てはめて考えると、障害特性が関連する行動が「危険」であるととらえるのではなく、行動が起きてしまった結果、どのような不利益を本人や周囲の人が被ってしまうかが「不確かである」ととらえ直してみることも必要であると思います。なぜなら「危険」という視点だけで行動を見ると、行動を制止する、止めてもらうといったことに注意が向きがちだからです。

**強度行動障害の状態への支援は、危険な行動をなくすことではなく、行動上の課題があらわれる背景を探り、背景に介入していくことで生活しやすい状況をつくっていくこと**です。この生活しやすい状況を整えるには長い人だと年単位で支援の調整が必要なこともありますが、生活が整ってしまえば、課題となっていた行動に対して支援者が「そういえば、過去にはそんな行動もあったね」と思い出話になっていることがあります。課題となる行動に対して、周囲の人が意識的に反応をしなくてもすむ状態こそが、強度行動障害が改善された状態であると考えます。

## 日ごろからの危機管理

「危機管理」という言葉を耳にすると、ともすると安全確保のための手立てというイメージをもつ人もいるかもしれません。しかし、実際には生活を共にするなかでは危険なことを排除し、安全を確保するだけでは成り立たないことが多くあります。

暮らしを支援する福祉サービスの現場では、日中の支援、夜間の支援、建物の中での支援、屋外での支援など場面や事業形態を問わずに、毎日の「安全」と生活を営むなかでの「暮らしの質」を担保することが求められます。そのためには、けがや急な体調不良など緊急時に都度対処を考えるのではなく、日常的に暮らしのなかで、**場合によっては危険につながる事柄や人間関係、扱いにくいハード、なんとなく使いにくい環境など、視野を広くもって確認をしておくことが必要**ではないでしょうか。

視野を広くもつことは障害のある本人の支援でも重要なことで、両者の距離が近すぎると周囲の状況がわかりづらくなるとともに、対面する人からの影響を強く受けてしまいます。広い視野をもつためには、一定の距離を保ち、自身の言動が他者から見た場合にどのように映るのかを想像することから始めてみるのも効果的でしょう。

## 安全確保とくらしの質のバランス

強度行動障害の状態にある人の安全を考えるときには、まず現れている行動による自身や他者への影響を最小限に留めることが必要です。しかし、行動による影響を小さくすることに着目するあまり、本人の行動を制限してしまう（身体拘束、行動制限、スピーチロックなど）ことも支援現場では起こりえます。日々の対応やかかわりが本人への行動の制限に該当しないかどうかは**個人で判断をするのではなく、複数名で組織的に判断をしていく必要があります。**

**生活の場での安全確保と暮らしの質を考えるうえでは、「安全性」「自立性」「快適性」のバランスが必要**だといわれます。まず「安全性」とは、暮らしを営むうえで周囲にいる人も含めた環境が安全であることです。そして、「自立性」は、暮らしの場で本人が自立して生活ができていて、本来もっている力を制限することのない環境となっているという点です。「快適性」は、生活の環境が本人にとって快適であることです。この三つの視点のバランスが整っているかどうかは、本人の暮らしの質に関連するだけでなく、権利擁護にも影響が生じます。

たとえば、「安全性」が優先されすぎた場合、課題となる行動は表出していないものの、自立的に取り組める活動が制限されたり、逆に行動範囲が制限されたりするため快適さが損なわれてしまう場合もあります。「自立性」を優先しすぎた場合には、安全面への配慮不足があることや、社会のなかでのルールが視覚的に明確にされていないがゆえに本人がルールを理解できず、周囲の人との関係が快適な状態でない場合も考えられます。また「快適性」についても十分な準備をせずに活動の範囲を広げることは、本人への安全性を低下させてしまうことにもつながりかねません。

行動上の課題への対応を考えるときには、それら三つのバランスを客観的に確認しながら支援の方向性を整理していくことが望ましいと考えます。

## 事故が起こったときの対応

課題となる行動に対して、障害特性を理解し、背景にある要因の分析を行いながら対応を行っていても、事故が発生することはあります。事故を0（ゼロ）にするという目標が前面に出すぎると、本人への行動の制限が生じることもあり注意が必要です。

発生した事故に対して、「対処」と「対応」を切り分けて考えておく視点は大切にしたいと思っています。まずは「対処」として、何らかの不利益を被った他者への謝罪や説明、場合によっては弁済などもあるかもしれませんし、施設の中であればトラブルとなった人との動線の整理や環境の調整など、さしあたり取り組まなければならない事柄を指します。そして「対応」とは、対処に留まるのではなく、行動の背景にある要因を探り、特性に基づく支援のあり方を検討していくことです。事故が起こったときには一度にたくさんの情報を整理して処理が必要なようにとらえてしまいがちですが、**急を要する「対処」は可能な限り速やかに取り組み、今後の方針も含めた「対応」は本人の今後に悪い影響が出ないかを検討しながら丁寧に整えていくことが大切**です。

## 関係機関との連携

危機管理の視点でみても、強い行動上の課題を抱える人への支援を「一つの事業所ですべて背負わない」ということがあげられます。しかし、状況によっては一つの事業所が中心となって支援をしなければならないことがあるのも事実です。そんなときにも事業所のなかで支援についての困難さや改善点などを、支援者の経験や知識の量を問わずに、かかわるすべての人が話せる環境（意図的な場面や時間の設定も含む）が必要不可欠だと思います。

そして、関係機関とは直接支援に携わっていないわずかな接点であったとしても、行政や医療機関のスタッフなどとつながりつづけていくことが必要です。つながるなかで、違う視点での意見を得ることもありますし、何より強度行動障害の状態にある人の最も近くで寄り添う支援者が孤独になることを避けていけると考えています。

### 先輩からの一言

- 生活上のリスクとは、どのようなことかをあらかじめ考えておく。
- 障害特性や学習スタイルに立ち返り、対策を検討する。
- 安全確保だけではなく、生活の質を向上させていく視点をもっておく。

エピソード8
組織的なアプローチ

# どのようなな状況でも かかわりつづける

PROFILE

■強度行動障害のある人の支援をはじめて5年半。現在は、生活介護事業所に勤務。
■好きなもの（こだわり）は、サウナと分析。

## 福祉にかかわるきっかけ

私は多くの自閉症や知的障害の人が利用する生活介護事業所で働いています。

30歳頃までは福祉職の経験はなくリラクゼーションサロンや整骨院で働いていました。

そんなときに生活介護事業所で働くリラクゼーション時代の同僚から「心身の不調を抱えている利用者さんの、整体をお願いできないか？」と連絡がありました。

当時、**児童養護施設でのボランティア活動で人生観が変わったという本を読んでいたので、経験として訪れたのが始まりです。**

当時は6名ほどの利用者でしたが、半数が強度行動障害のある人でした。

全くの素人であった私は、自閉症のこと、強度行動障害や障害特性に関して知識や理解がなかったため、施設に行くたびに驚きの連続でした。大声で叫ぶ人、上半身裸で頭を自傷する人、私にはわからないオリジナルの言葉をくり返す人などがいて、今日は無事に終わるのかと訪問する前は常に不安もありましたが、「**障害をもっていると日々生きづらいだろうな。うまく気持ちを伝えられないから、イライラすれば他害にも自傷にもなるよな……**」と、軽く考えてしまっていました。今思えば、彼らは発信・サインを出してくれていたのに後悔ばかりです。

**先輩B**

構えずに自身の感覚で本人を見ることも大切な視点だと思います。

そんなななかでも、障害のある人たちとの活動で得られたものは多く、たくさんの喜びと成長を与えてくれました。

そのなかでも特に記憶に残る2人のエピソードを紹介します。



## マサシさんのこと

### マサシさんとの出会い

当時私が事業所で働くなかで最初に壁にぶつかったのは、マサシさんでした。マサシさんは、重度の知的障害を伴う自閉症で、視覚障害と筋疾患があり、発語はありません。さまざまな特性のある人です。

一日の半分は紙ちぎりをして過ごし、それ以外の時間は泣き叫びながら頭を叩く自傷がずっと続いていました。当時、その解決策は私にはなく、自傷が始まるとマサシさんの頭を職員が手で守るも上から叩かれ、手を押さえると爪を立てられて引っかかれるか、なめられる。そんな毎日が続いていました。**生傷が絶えず手を洗うたびにしみるのもつらいのですが、それ以上に解決策がわからない状況が一番苦しい経験で、当時は仕事を辞めようかと毎日考えました。**

**先輩B**

結果が出せない状況は精神的に負担感が強いですよね（仕事としてかかわっているのでなおさら）。

### 障害特性の理解

そんな時期に、発達障害者支援センターの発達障害者地域支援マネジャー（以下、支援マネジャー）から、強度行動障害のある人の利用申込みを受け、その際に受けた研修で、アセスメント（評価）や障害特性について学ぶ機会があり、多くの発見がありました。

たとえば、「評価の取り直し」「自傷の時間や長さの記録」「その行為によって何か強化因子（得ているもの）があるのかの記録」などです。次の日から早速記録をとりはじめました。**3か月続けた結果、結論としては自傷の時間もバラバラで何かを得ているわけでもなく、強化因子になるようなことも見つけられませんでした。**

先輩B

すぐに結果につながらなくとも取り組んでみることは大切です！

### 感覚の特異性

**この記録の結果を支援マネジャーに見せて相談したところ**、感覚の特異性（聴覚過敏や感覚の鈍麻など）の可能性を指摘され、身体に何かしらの刺激を提供するアドバイスをいただきました。マサシさんの場合は、着衣が苦手なこと、体温調整の苦手さも情報として得られたので、扇風機の風をあててみることにしました。結果はすぐに現れ、一日の半分を占めていた自傷が日に日に減っていき、翌月には1/10に、その翌月にはさらに減りました。今では自傷することのほうがまれです。

先輩B

外部で相談できる人と連携していくことで客観的な視点から見えることもありますよね。

これまでも温度や音、体調の把握や空腹への配慮など、さまざまな工夫をしていたつもりでしたが、改善のないなか、たった扇風機一つでマサシさんの生活は激変し、前述した私のつらい日々が解消されました。

当時、利用者が増えるなかマサシさんとのかかわりは減っていましたが、**「困難な状況でも絶対に解決策はあるはず」とかかわりつづけていき、抱え込まず困難を発信することで、打開策が見つかりました。**ロケット開発者の植松努さんが言うとおり、「思うは招く」を体験できました。

先輩B

あきらめずにかかわりつづけること。軸にすえておきたい考え方ですよね。

## サトシさんの場合

### サトシさんとの出会い

サトシさんは他区から紹介のあった人です。このままでは県内での生活が困難であるとの話でした。具体的には間接的他害（睡眠の乱れ、場所や人・物への固執等）が問題であり、結果、直接的他害にもつながってしまっていると説明を受けました。実際に会ったサトシさんは、私がそれまで接してきた人に比べると、発語もあり要求も理解しやすいように感じましたが、この**発語の多さが自閉症のサトシさんの間接的他害の大きな要因でした。**

先輩B

発達段階と行動特性のアンバランスさが、生活上の課題に直結してしまうこともありますよね。

### サトシさんの施設通所

発語（発信）はあるが言語理解の困難さがあり、目で見た情報には強いと見立てられたサトシさん。新しい生活は、カードでスケジュールの見通しを立てる「目で見てわかる生活」でした。サトシさんには、1日のスケジュールを絵や写真のカードで提示し、行動する場所もカードとマッチさせました。これは、自閉症の人への特殊な対応ではなく、たとえば、「道路標識」「駅の路線図」も目で見てわかる情報です。私たちも目からの情報が8割といわれますから、障害特性を知ればなおさら先回りして、目で見てわかる生活の提供は大切です。これらの**支援方法を支援手順書にして全職員が統一したかかわり方ができるようにしました。**

通所は順調に進みましたが、カードへ誘導する支援には戸惑いのある職員もいました。その職員はいつの間にか**「発語（発信）を無視してスケジュールどおり生活する」が目的になっており、職員主体の支援でした。**実際には、たくさん成功体験をして賞賛することでサトシさんの自立、理想の生活や求めていること提供していく本当の目的を毎日のようにミーティングで話し合いました。

何度も話して理解しあえたと思っても十分に伝わっておらず、「なぜわからないのか！」とイライラしてしまうこともありました。仕事終わりに100均を何度も往復して、本を見ながら自立課題や環境設定づくりをするときにそばにいてくれた職員は、今でも私を支えてくれています。

先輩B

チームでかかわりつづけるためにも手順の明示は大切ですよね。

先輩B

支援を統一するときに、チーム内で統一するだけではなく、支援の意図を未来の支援者へ引き継ぐことも意識したいですね。

### サトシさんの転機

支援チームの一部では、先ほどの「発語を無視してスケジュールどおり生活する」が支援目的にすり替わり、「発語もあるのでかわいそう」と、共通支援ではなく一部は言語のみの支援へと切り替わっていきました。**チームのなかで同じ方向をむけないのは、非常に苦しい経験でした。**言語のみでその人が頑張ってくれることもありますが、それはサトシさん本人の努力です。最終的に、サトシさんは新たな生活の選択を余儀なくされます。

先輩A

共感！
チームをまとめるのは大変ですね。私はケース会議において、お互いが納得するまで意見交換するように心がけました。

### サトシさんの今

現在サトシさんは支援者付き単身生活を行っています。サトシさんに合った生活環境が用意できたことで、自己決

定の選択肢が増えています。女性の職員でも問題なく、笑顔で支援している姿を見ると日々感謝です。

サトシさんの他害などの問題行動には背景があり、**問題提起行動といわれるものです。**自閉症は他害がしたい障害ではありません。

**先輩B**

「問題」と取り扱われる行動ではなく、「問題」であることを提起している行動。いい視点の整理ですよね。

「暴力的」「性格が悪い」などさまざまな間違った解釈をされがちな強度行動障害のある人でも、スケジュールをカードで伝えるなど工夫を重ねてかかわりつづけたことで、サトシさんたちの問題提起行動が生活環境と障害特性とのミスマッチから生まれていると実感できました。

これまでの支援の経験から、「こうすればいいだろう」とシステマチックに考えていましたが、**その背景は人それぞれ違い、十人十色の支援が必要であるという、当たり前のことを再認識することができました。**

**先輩A**

よく気づいたね！
一人ひとりに応じた支援の提供が基本。バイスティックの「個別化の原則」を思い出します。

## 人を活かし人に活かされる

今回は二つのケースからかかわりつづける大切さを紹介しました。この本を手に取ってくれた方は、日々の支援に困ったり、行き詰まったりしているのではないかと思います。私は今でも考えさせられる毎日ですし、日々試行錯誤です。しかし、**強度行動障害のある人への支援には達成感があり、人として成長できる楽しさがあります。**

**先輩B**

支援現場で働く自分自身がエンパワメントされていく感覚。とても素敵です！

**結果がすべてではなく、それまでの過程にかかわったすべての人に意味があります。**問題行動の背景や奥行き、潜在的ニードを分析するには、障害特性の理解が不可欠です。それを感じていくためには、チームワークに加えて日々を楽しむ気持ちが絶対に必要です。この仕事を通じて、人を活かし人に活かされ、成長していきたいと思います。

**先輩A**

いいね！
かかわりつづけることで多くの人たちが支援をつむいでいったそのこと、そのものが評価に値します。

# 知ることから始まる ──強度行動障害と向き合うために

## 出会い

この仕事をしていると、「どうしてこの仕事（障害福祉）を選んだのですか?」と聞かれることは少なくないような気がします。もちろん質問者に悪気はないのでしょうが、障害福祉の仕事のもつ「人のためになる」とか篤志家的なイメージを言外に示唆しているような気がして、やや違和感を覚えます。でも、ついつい「強度行動障害の人のためになりたいから」と答えてしまいそうになるので困ります。本当は（多様性のある）いろいろな「人が好きだから」がもっとも自分の気持ちに近い気がします。なかでもASD（自閉スペクトラム症）の人はその個性的な生き方が素敵なのでこうして20年もかかわっているのですが、いまだになぜそんなに好きなのかは自分でもよくわかりません。

そもそも、私が子どもだった頃は障害のある人を意識したことはあまりなく、当たり前の友達としてとらえていました。その頃は「特殊学級」と呼ばれる学級があり、障害のある子どもはその教室にいることが多かったようですが、今思うと「特殊学級」には身体障害の子どもが多く、軽度知的障害の子どもは普通にクラスにいたような気がします。もちろん、当時インクルーシブ教育なんて言葉はありませんでしたから、意図してそのように教育を行っていたわけではないと思いますが、結果として、一クラスに複数の知的障害のある子がいたのではないかと思います。実は、普通の友達のことはほとんど覚えていないのに、障害のある友達のことは、今でもはっきりと覚えています。いつも、教室を飛びだしてブランコに乗っていたダウン症のツヨシくん。先生に怒られているのにすごい笑顔でいつもブランコを漕いでいたので、「怒られているのにすごい！」と尊敬していました。

今から考えると自閉症であったと思われるトシミチくんは、何事でも自分が主人公でないと気がすまない性格で負けず嫌いでした。吃語もあり、うまく意思を伝えられないので、よくパニックを起こしていました。

ある日、男子たちで野球をするときに、ピッチャーをやりたがるトシミチくんを困らせようと、みんなでトシミチくんのミットを砂場に埋めてピッチャーができないようにしてしまうことがありました。「ボ、ボクの、ミ、ミットしらない?」とトシミチくんはミットを探して友達に聞いてきます。私は、ミットが砂場に隠されるところを見ていたのですが、「しらない！」と答えました。このことはなぜか何十年経った今でも夢に見るくらい後悔しています。野球が終わった後にトシミチくんと一緒にミットを探して、偶然を装って砂場からミットを掘り出してトシミチくんに渡しました。「ア、アリガト。ボ、ボク、ピ、ピッチャーやりたかったな」。あのときのトシミチくんの顔が今も忘れられません。

## 仕事として

今でこそ、生業かと思えるくらいASDの人の支援を仕事としていますが、社会に出た頃は先の障害のある友達のエピソードもすっかり忘れて、全く関係のない仕事に注力していました。時はバブルだったため、当時住んでいた東京の郊外から満員電車に揺られ都心のオフィスで働き、終電間際で帰るという生活を送っていました。そんなとき、休日の気晴らしがてら散歩していた多摩川沿いにレンガ造りの瀟洒な建物があって、周りには小川が流れ、小川に沿ってうっそうと草が生い茂る一角があるのに気がつきました。

「大学の校舎かな？」「歴史的な遺構か何かな？」、すごく気になっていたので、ある日、勇気を出してその門をくぐってみました。敷地の中には複数の建物が余裕をもって配置されて、その建物の中から「ひゃー！」とか「わー！」といった幼児が遊ぶような声が聞こえていました。そこは、日本で最も古い「滝乃川学園」という知的障害児の入所施設だったのです。

毎回週末ごとに敷地内を勝手に散歩しているうちに、当時の施設長さんから見学をすすめられ、いつの間にか職員になっていました。ここでも、なぜ自分が勤め人を辞めて、障害児福祉施設の職員になったのかはよくわかりません。たぶん、「好きだったから」としか言いようがないのです。

## 強度行動障害のある人との出会い

このように「好き」で始めた仕事でしたが、すぐに壁にぶつかりました。

「物をとられたので怒る」「自分の思っていたことと違ったので気分を損ねる」。知的障害のある人の状態は何らかの理由があって、その表現方法がある意味「極端」なんだなと理解していたのですが、その少年は違っていました。「理由」がよくわからないのです。食事の時間になっても同じ場所でくるくる回りつづける。そうかと思うと、自分の手のひらをひらひら振って見入っている。そんな行動を飽きずにくり返しているのです。時にはご飯も食べずに。時には寝ずに。時にはその場で排尿してしまったりして。明らかに自分にとって不利益な行動をなぜ続けるのだろうか？ 「ご飯を食べようよ」「もう寝ようよ」「トイレに行こうよ」、そう言って無理に介入すると、大声を上げて自分のほほを叩くのです。しかも、血がにじむくらいに。「なぜ？」「どうして？」、彼の行動の意味がわからず、当時は本当に困惑しました。食事をとらなかったり、寝なかったり、自分にとって大切なことを拒否して血が出るくらい自分を痛めつけたりするという不適切な行動を行うなんて、全く理解できないどころか、正直、彼に対する恐怖や嫌悪感を抱くまでに私は落ち込みました。

後に彼が「自閉症」であり、彼の示す行動が「問題行動」と呼ばれる自閉症に多く見られる行動であることを知り、自分が感じる恐怖や嫌悪感から逃れたい一心で、当時、自閉症の支援で先駆的な取り組みを行っていた、「横浜やまびこの里」を訪ねることにつながりました。

### 支援がうまくいかないと感じたら

コンサルテーションをしていると、強度行動障害のある人の支援をしている支援者の困惑を感じることがあります。「送迎の車から降りられない」「他の人の髪の毛を引っ張ってしまう」「壁に頭を打ちつける」「高いところから飛び降りる」。支援を行っているにもかかわらず、彼らが示す「問題行動」を前に、支援者はまず、自分たちの支援を見直そうとします。かかわりを変えてみたり、声かけを変えてみたり、動機づけをしてみたり。でもなかなかうまくいきません。そうしているうちに「問題行動」は強度を増し、エスカレートし始めて……。このように支援をしてもなかなか状況が改善されなくなると、いつしか気持ちのなかに、利用者に対する恐怖や嫌悪感が芽生えてきます。人は理由のわからない行動や理解できない行動、特にそれが一見、本人の利益につながらないように見える行動に関しては生理的に拒否感を感じるようです。こうなると、ますます支援はうまくいきません。それどころか、恐怖や嫌悪感から逃れるために、不適切な支援を行ってしまう可能性も出てきます。

支援者である前に感情をもった人であるのですから、「イラっと」したり、「ムッと」したりする負の感情を抑えることはできません。まずは、そのような**負の感情になってしまうことを支援者は理解して受け止めることが大切**です。**そのうえで自分のこの感情に気づいたら、まずはその場を離れる勇気も必要**です。どんなに高い倫理観を研修で学んだとしても、なかなか感情を抑えることは難しいのですから、管理者も含めネガティブな感情が芽生えたときはそれを認め、まずはその場を離れて他の人に支援を任せます。そのような職場環境をつくることが、職員を守り虐待予防につながります。

そのうえで、**恐怖や罪悪感の背景にある「理由のわからない行動」や「理解できない行動」は、本人が抱える生きづらさからくる「問題提起行動」としてとらえることが大切**です。そのような行動の背景の多くには、ASDの特性からくる生きづらさを、本人なりに解決しようとするコミュニケーションの機能が隠されていることがあります。つまりは、私たちへのメッセージ――言い換えれば、「支援のニード」があるともいえます。

## 知ることから始まる

「問題行動」を「問題提起行動」としてとらえ、その行動の意味するところを知ろうとするとき、まずは本人の特性をしっかり知る必要があります。そのうえで、**その行動が環境とどのような関係をもって表出されるのか、または表出されない環境とはどのような場合なのかといった多角的な検討を行うなかで、その行動の意味が理解できるようになります**。そうすると、そのときの恐怖や違和感は解消し、目の前に支援を必要としている一人の利用者の姿が見えてくるようになります。

「好き」だけではこの仕事はつとまらないかもしれません。でも、知りたい気持ちをもちつづけて、自分の感情に正直に、時にはいったん離れてみて、また戻って知ろうと努力する先には、最初に出会ったときのような、「好き」と思える利用者が待っていてくれるような気がしています。そういった意味では、自分自身に素直に向き合える、このご時世でも稀有な仕事ではないかと思います。このことは、この仕事を選んだ後輩たちにひそやかに耳打ちして伝えたいことです。

人を活かすだけでなく、人から活かされる素敵な仕事なんです、と。

### 先輩からの一言

- 支援者にネガティブ感情が芽生えたら、それを受け入れてその場を離れる。
- 「理由のわからない行動」「理解できない行動」は、本人の生きづらさからくる「問題提起行動」である。
- 問題提起行動について、多角的な検証を行う。

エピソード9
関係機関（医療）との連携

# 看護師としてのかかわり

**PROFILE**

■強度行動障害のある人の支援をはじめて２年。現在は、施設内診療所に看護師として勤務。
■好きなもの（こだわり）は、ミュージカル観劇。

## 強度行動障害支援（福祉）にかかわるきっかけ

私は現在、重度知的障害や自閉症のある人たちが多く暮らしている施設の診療所で看護師として働いています。看護学校を卒業してすぐは総合病院の外科病棟で働き、急性期の看護と終末期の看護をしていました。そのうちにターミナルケアに興味をもち、オーストラリアのホスピスやアフリカでボランティア活動をしていたので、福祉とは全くかかわりはありませんでした。その後結婚し、子どもを３人授かりました。２番目と３番目の子どもは母体の中で頭蓋骨がくっついてしまう病気で、生まれた後は多くの人に支えられてきました。子どもを通していろいろなことを乗り越えていくうちに、感謝の思いが強くなるとともに、障害のある子どもや親の気持ちを知ることができました。そして３番目の子どもの状態が落ち着いたところでフルタイムで働ける職場を探したときに、以前の自分だったら目に止まらなかった福祉施設の看護師募集に出会い、勤めることになりました。

これまで看護師として強度行動障害のある人とかかわった場面で印象に残ることを二つ取り上げてお伝えしたいと思います。

## 女性の月経前症候群（PMS）へのケア

女性には、生理があります。生理前によく起こる不快な症状は「月経前症候群」（Premenstrual Syndrome：PMS）と呼ばれ、腹痛、腰痛、乳房の張りや痛み、むくみ、便秘、不眠、疲労感、不眠、肌荒れ、ニキビなどといった症状が現れます。それに伴いイライラしたり、気分が落ち込んだり、過食、集中力低下につながることもあります。強度行動障害のある女性も同じです。**自閉症がある場合には、生理前に本来もっている過敏性が増すことがあり、それに伴う感情の起伏が激しくなることがあります。**

数年前に入所したヤチヨさんは入所後、チーム（生活支援員と看護師）で話し合いながら支援をすすめ、2、3か月ほど経って支援方法の道筋が見えてきました。入所前より落ち着いて生活ができるようになってきたと思っていたら、**自傷、奇声、破衣など激しい行動期間と、上記の行動はあるけれど激しくない期間があることがわかりました。**

**チームで行動の理由（気圧、天気、気温、排便状況、生理、体温）を観察・記録しながら半年ほど支援している**と、「生理10日前から行動が落ち着かない（自傷、奇声、破衣）」ということがわかってきました。そこで腹痛があるのではないかと仮説を立て、ヤチヨさんに施設内診療所を受診してもらい、生理10日前から内服するための痛み止め（アセトアミノフェン）を処方してもらいました。この薬を内服

先輩B

支援現場で着目しておきたい視点です。客観的な記録などで把握が必要な場合も多いですよね。

先輩A

よく気づいたね！
24時間、行動障害が続くことはまれです。傾向とパターンに支援の糸口があると思います。

先輩B

行動の背景を探る視点の共有とそれに基づく記録。丁寧な実践ですね。

することによって生理前の自傷、奇声、破衣などが完全になくなったわけではありませんが、**以前よりも課題に集中して取り組むことができるようになり**、さらに不快な症状が軽減できたと思います。

痛み止めを内服しても生理痛等が軽減しない場合には、地域の専門医（婦人科）を受診してもらうこともあります。

先輩B

支援の方向が定まっていると、行動の改善に加えてよい影響がみられることがあります。

## 一般病院の採血と強度行動障害のある人への採血の違い　──配慮のしかたと構造化

私は今の施設の診療所で働く前は開業医（個人のクリニック）で勤務をしていました。注射と採血は得意です。患者さんが緊張しないように話をしながら行い「あら、もう終わったの？　全然痛くなかったわ」と言われることを喜びとしていました。そのため、利用者さんの採血をするときも、「腕をしばりますね」「消毒しますね。冷たいですよ」「ちょっと痛いですよ」と、細かく説明しながら採血をしていました。

しかし、**医師から強度行動障害について講義を受けたとき、耳から入る情報に困る（得意ではない）利用者がいると聞き、「ずっと利用者さんに悪いことをしていたな」と反省しました。**そこで、採血手順絵カードを作成しました（**写真1**）。強度行動障害寮のスタッフに「採血のときは黙って絵カードを指していけばいいのですよね？」と確認したら「それは、違うよ。絵カードを見てわかることは説明しなくてもいいけれど、アルコール綿で拭くときは『冷たいですよ』とか、刺すときには『痛いですよ』など、絵カードにない情報は説明をしてもいい」と、教えてもらいました。また、多くの人は、採血後のばんそうこうをすぐにはがして

先輩B

一般的には丁寧と受け取られる口頭での説明が負担になる場合も…。勉強ですね。

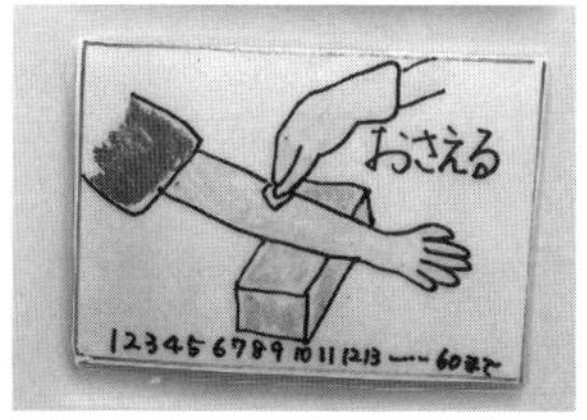


**写真1**　採血手順絵カードと手作りカード「おさえる」

しまいます。そのため、止血が重要です。しかし絵カードを作成するとき、止血の「おさえる」絵カードがなかったため**手書きで「おさえる」の絵カードを作成しました**（**写真1**）。既成の絵カードは黄緑のTシャツですが、手持ちのクレヨンは黄緑がなかったのでTシャツの色を緑にしました。しかし、スタッフからその手書きの絵カードを指して「**『おさえる』の絵カードのTシャツの色が違うから、こだわりのある利用者は着替えると思うよ**」との回答。また1分間押さえて止血する意味で、はじめは「60まで数える」と絵カードに書いていたのですが、「60まで数えられる？」との質問。10まで数えられる利用者が多いのでゆっくり「い〜〜ち、に〜〜い、さ〜〜〜ん」と言ったり、「音が鳴るまで待ちましょうね」と伝えたりして、タイマーの音で終わりを知らせる方法があることを教えてもらいました。また、その他にも、「**つながっている絵カードは変更ができないので使用には適さないこと**」や「**マジックテープならはがすことが可能で個別の対応ができるから適している**」ことなどを教わりました。たとえば、注射針を見るのが怖

**先輩B**
「伝える」工夫。素敵ですね。

**先輩B**
シングルフォーカスな行動特徴ですよね。見え方も奥が深いです。

**先輩B**
教科書だけでは学びきれない、現場での工夫ですよね。

いけれど見なければ大丈夫な利用者であれば、目を閉じることを自分でできるように練習し、「めをとじる」の絵カードを作成して「ちをとる」の前に加えることができるからです。そこでのポイントは、**スタッフが利用者の目を隠すのではなく、利用者自身が自分で目を閉じること。「自分でできる」ことが達成感になるため重要です**。それから、止血のための「おさえる」の採血手順絵カードはないかを探しました。しかし、既成の絵カードはありませんでした。そのためオリジナルの絵カードを作成しました（**写真2**）。腕だけのシンプルなイラストにしました（**写真3**）。**絵カードも、イラスト・写真など、利用者の特性によってどれがいいか事前に情報を得ておく必要があります。**

**先輩A**

ポイント！
利用者がやらされるのではなく、自分で理解し納得して行うことの大切さをあらためて感じました。

**先輩B**

事前の聞き取りと物品の用意は成功の確率を高めるのに有効ですよね。

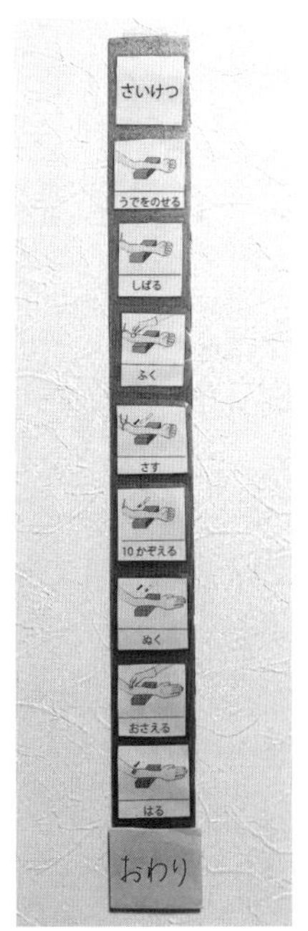


**写真2**　オリジナル絵カード

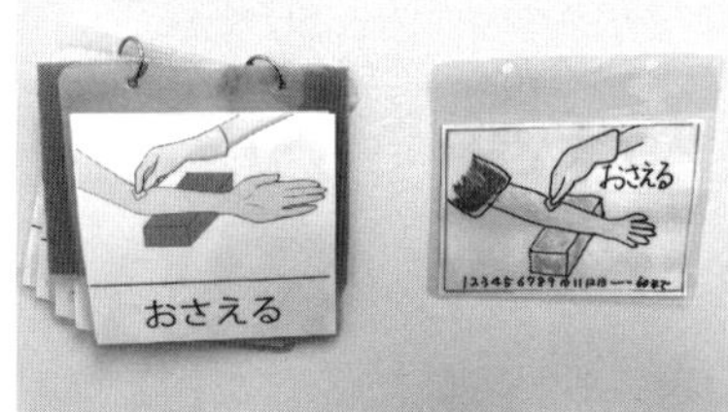


**写真3**　新旧の「おさえる」カード

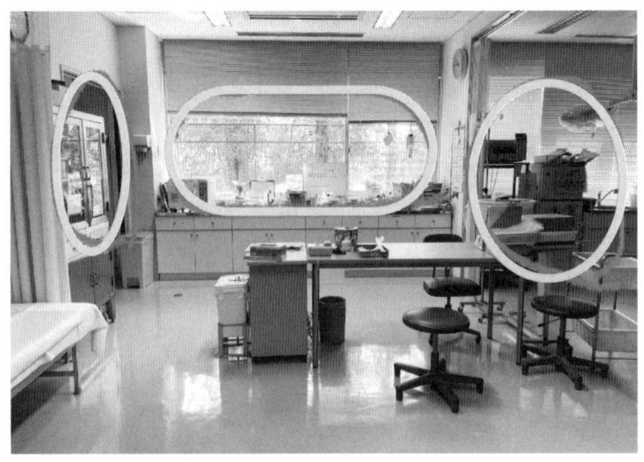

**写真4**　診療所の処置室（構造化前）

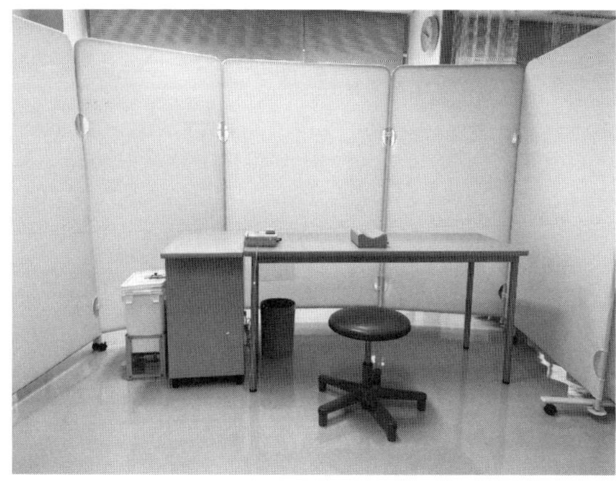

写真5　構造化した後の処置室



次に、構造化についてです。**写真4**は診療所の処置室です。物（黄色の丸で囲んだところ）がたくさんあります。いすも二つあります。これでは本人がどこに座ったらいいか迷ってしまいます。そこでパーテーションで物を隠し、いすも一つにしてわかりやすい環境にしました（**写真5**）。

## 配慮が必要な採血での対応

日中支援型施設を利用するため健康診断（感染症検査）が必要になった外来患者のヒジリさん。採血しようとすると暴れるため数か所の病院で断られ、ソーシャルワーカーを通して対応の依頼がありました。付き添っていた家族からは、「暴れるので押さえ込んでいいから採血をしてください」と懇願されました。

「大柄な男性」という以外の詳しい情報はありませんでした。男性看護師３人が待機、採血室の構造化、見通しがわかるように絵カードを準備しました。来院したときはイヤーマフをしていたので、絵カードを指さしながら、言葉は絵カードにない情報を最小限に（たとえば、アルコール消毒

をするとき「冷たいですよ」など）することにしました。

大暴れも想定していましたが、**本人の見通しが図れたことでスムーズに採血ができ、家族も喜んでいました。**

先輩B

日々の支援が応用された支援ですね！

おわりに

多種多様な時代・社会になってきましたが、自閉症の人はまだまだ少数派です。**自閉症の人たちを支援・看護する看護師はさらに少なく情報もないので、日々試行錯誤しています。**

先輩B

医療の分野でも理解が広がっていくように取り組んでいきたいですね。

今まで私たちは自閉症の人たちの考えや思いを尊重せずに、自閉症の人たちが世の中に合わせるようにしてくれていました。しかし、これからは私たちが自閉症の人たちに近づいていく世の中になることが大切であると考えています。そして、**誰もが笑顔で生活できる環境が私の夢です。**

先輩B

いいね！

私は強度行動障害について学び始めたばかりですが、多くの人々に伝えるために、さらに学びを深めてスキルを磨き、情報を発信していきたいと思います。

## 先輩'sEYE なぜ強度行動障害のある人に看護のかかわりが必要なのか

はじめに

重症心身障害者施設で出会った、動く重症心身障害[注]の人たちとのかかわりをきっかけに、強度行動障害のある人への支援に興味をもつようになりました。それが、強度行動障害のある人との最初の出会いです。特に看護師として生活支援員と連携し、時に失敗を重ねながら健康に関する課題に取り組みつづけてきました。

多様な事業を展開する職場に所属していたため、高齢者介護等にも携わりながら30年ほど過ごしてきました。強度行動障害のある人の支援をするようになって約20年になります。現在は強度行動障害に関する看護の集まりを組織することや、服薬安全、感染症対策、高齢期の支援に関するプロジェクトなどの業務を行っています。

注：「動く重症心身障害」とは、重度の知的障害および重度の身体障害が重複しているが、実際には歩行などの行動が可能なケース。

## 強度行動障害のある人の健康に関する背景とは

強度行動障害を含めた知的・発達障害にかかわる看護師は、全国各地に存在します。その看護師たちは、強度行動障害の対応方法をどこで学んだのでしょうか。私は強度行動障害のある人に接した医師や看護師から、「どう接してよいかわからない」という台詞を何度も聞いてきました。翻って、看護師養成課程（大学や専門学校）のカリキュラムでは医療場面における強度行動障害のある人への接し方を学ぶ機会はほとんどありません。さらに、医療機関等で働くようになっても、強度行動障害のある人に会う機会は極めて少ないのではないでしょうか。しかし、強度行動障害のある人たちもさまざまな病気にかかりますし、けがもします。なかには、行動に関する医療を受けている人もいます。

しかし当事者は、**自らの不調を言葉にして伝えることが苦手**です。さらに、悪化を防ぐための予見や予防処置も得意ではありません。**「伝えられない」ということは、近くにいる支援者でも気づきにくい**ということでもあります。この状況を、誰が配慮し守れるのでしょうか。現状では、一部の支援者が「何か変だな」と感じていても様子を観察しつづけ、結局として中重度化してから医療とつながるといったところではないでしょうか。この状況を本人が言葉にできたとしたら、「早く治療してよ」と言うのかもしれません。

これらの事柄を網羅的に説明し、続けて解決策について生活の場に近い医療専門職である看護師との連携を中心に述べていきたいと思います。

## 強度行動障害のある人にとっての健康課題

「はじめに」で述べたように、**強度行動障害のある人たちは一言でいえば、「健康のことで困っている！」人たち**でもあります。このことについていくつかの要因があるので個々に紹介します（図2-1）。

図2-1　健康に関する課題

**【受診障壁がある】**――病気やけがをした際に必要となる受診ですが、ここに三つの障壁があるといわれています。一つ目は物理的な障壁です。気になる音がする、物がある、知らない人がいる等です。二つ目は経済的障壁です。公共交通機関が使えず車が必要、人手が必要、鎮静剤などの薬が必要等です。三つ目は文化的な障壁です。医療者（医師や看護師）が障害に対応する配慮方法を学んでいないか、経験していないこと等です。

【健康診断未受診】――病気を事前に発見し予防するための健診も受診しにくい状況があります。心電図検査では、何本ものコードやセンサーが胸のあちこちに貼られます。がん検診ではバリウムを飲んで狭いベッドの上でじっとしていなければなりません。採血でさえも困難な人は少なくないと思われます。

【ポリファーマシー状態】――聞きなれない言葉かもしれません。高齢者の医療ではよく使われる言葉です。多剤を長期にわたって使用し、何らかの有害事象のリスクがある状態のことを示します。処方は医師の判断で必要に応じて行われるものなので、一概に否定するものではありませんが、本人の様子を十分医師に伝えきれておらず、前回と同じ処方が続いているケースもあるのではないでしょうか。

【早期高齢化】――知的・発達障害者は、30代で白内障や肝硬変等にかかりやすく、40代で循環器系の疾患にかかりやすい等といったデータがあります（相馬, 2013）。実際の年齢よりも身体機能の低下がプラス10から15歳程度早いといわれるのを聞いたことがある人もいると思います。

【認知症】――知的障害のある人の認知症は発見しにくいものですが、実際には健常者の発生率と同等程度の割合で罹患している可能性があるといわれています。気づきにくいことで状態を悪化させている可能性もあるのではないでしょうか。

【生活習慣病】――強度行動障害のある人にみられる、偏食、運動不足、不規則な睡眠習慣等は、生活習慣病発症のリスクが高いといえます。さらに生活習慣病は健康診断で早期に予防可能なものですが、先に述べたように健康診断が未受診の場合があり発見を遅らせていると思われます。

【口腔や嚥下機能の疾病】――歯ブラシを噛んでしまう等によって丁寧な歯磨きが困難、歯科に通院できず治療も困難である場合や、食べ方が丸のみ・早食いである場合があります。

以上は、いずれも必要な配慮方法が不足しているともいえる状況です。結果として、本人は困っているのです。医療行為が必要なレベルが健常者と比べて低いと言わざるをえません。このことは、「障害があるから仕方がない」ことですませられる問題ではないと考えます。

### 支援者が行う健康に関する支援の難しさ

医療行為を実施することの難しさは、支援者側の状況にもみられます。

**【アドヒアランス不足】**——「私たちのことを私たち抜きで決めないで(Nothing About Us. Without Us)」は有名な言葉ですが、医療行為の場合はどうでしょうか。日頃意思決定には丁寧な支援者たちが、医療行為になると途端に医療者の指示のままになってしまう場面を、私は多く見てきました。意思確認が困難な理由はあると思いますが、立ち止まって「本人ならどうだろうか?」と考えることは難しいのでしょうか。

**【健康管理が困難】**——当事者自らが訴えにくい強度行動障害の状態にある場合、少しの変化に気づくことが大事だと思います。支援者の多くは、体温や脈を測ったり、食事量や睡眠状態をよく観察したりしていますが、その測定方法や観察方法について学んだことがないといった話を聞くことがあります。ルーティンワークとして行うだけでは、疾患の早期発見は難しいと思います。

**【感染症対策が困難】**——新型コロナウイルス感染症に関して強度行動障害のある人の場合、飛び出し防止のため窓が開けられず換気が困難、マスク着用が困難、人によってはワクチン接種が困難な場合もあります。このように標準的な対策が困難であればどのようにリスク管理をすればよいのか悩むところです。

**【服薬支援が困難】**——【ポリファーマシー状態】のなかでもふれましたが、一回10錠以上、何袋も薬を飲まなければならない人がいます。この薬の管理には多くの人手や時間が必要となります。これが入所施設やグループホームのように集団生活であればなおさらです。「安全に」「確実に」服薬することにかかる労力は重く、他の支援を圧迫しかねないものでもあります。



## 対策

**さまざまな健康課題を抱える強度行動障害のある人は、生命の危機、苦痛や不快な状態に陥りやすく、その支援が不足している**と言っても過言ではありません。では、健康課題に必要な支援とは何かについて話していきたいと思います。

### ❶目線を変えよう！【セルフケアとフィジカルアセスメント】

想像してみてください。手が洗える、歯を丁寧に磨ける、休息がとれる、適宜水分を摂れる等のケアが自立していれば、どのくらい疾病予防が可能になるのか。自立（セルフ）してケアができれば将来にわたり健康被害のリスクを軽減することが可能です。

しかし、障害の程度によってセルフケアには限界があると思います。その場合は**支援者等が早期に見つけることが重要**となります。それには**支援者の「何か変だ」をもう少し根拠の確かなものにする**とよいと考えます。「正確に熱を測る」「皮膚や全身の状態を観察する」等を短期的な情報でなく、中・長期的なものとして評価する。これらは、生活支援の現場では日常的に行われているものの延長線上にあるものですから、大きなコストがかかるものではありません。

### ❷広げよう（つながろう）！【連携しよう、伝えよう】

セルフケアもフィジカルアセスメントも現状のなかで支援可能なものとして紹介しましたが、実際には、忙しい支援のなかに組み込むのは至難の業ではないでしょうか。特に、健康に関する課題を軽減するには支援者だけで行うのはとても困難です。ゆえに、**身近な医療専門職である**

**看護師との連携が重要**です。

公益社団法人日本看護協会の「看護職の倫理綱領」の前文において、看護について、「健康の保持増進、疾病の予防、健康の回復、苦痛の緩和」を支援することと示しています。まさに**健康の課題がある強度行動障害のある人にとって、健康の保持増進や疾病の予防は生きるために重要な支援ポイント**ではないでしょうか。

看護師は、セルフケア、フィジカルアセスメントのほかに、医療機関との連携、健康に関する家族の不安への対応、事業所全体に影響のある感染対策（特に日常場面）にも専門性を発揮することが可能な存在です。しかし、看護師は福祉の現場で働くことを学び経験する機会が少なく、支援者との連携も手探りになりがちです。

連携に必要な事柄の一つとして共通言語（ツール）の活用があります。すでに使用しているところもあると思いますが、排便状態を伝えるにはブリストルスケール（図2-2）が、表情を伝えるにはフェイススケールがあります。もっと身近なものであれば排便チェック表、食事摂取表、内服薬の確認書等も看護師との共通言語に役立つものです。

**図2-2　ブリストルスケール**

**コロコロ便**（Type 1）
小さくコロコロの便
（ウサギのふんのような便）

**硬い便**（Type 2）
コロコロの便が
つながった状態

**やや硬い便**（Type 3）
水分が少なく
ひびの入った便

**普通便**（Type 4）
適度な軟らかさの便
（バナナ、ねり歯磨き粉状）

**やや軟らかい便**（Type 5）
水分が多く
非常に軟らかい便

**泥状便**（Type 6）
形のない泥のような便

**水様便**（Type 7）
水のような便

### ❸選べる！【健康の支援の幅が広がる】

看護師との連携が支援の幅を広げ、当事者の自立を促す効果に関する事柄を述べてきましたが、他にも多くの連携可能な部分があります。

服薬であれば、飲みやすい薬（形状、回数、味など）の選択に関すること。通院や健診時であれば、苦手への配慮方法（プレパレーション）。高齢期であれば、二次障害となる認知症、看取り（どこで、誰と、どのように）に関する事柄もあります。

### まとめ

**当事者のエンパワメントを支えるには、健康に関する課題の軽減が必須です。健康に関する支援には日常場面で看護師との連携が必要不可欠**です。ですが今は、その連携における効果が十分に発揮されている状況ではありません。

新しく挑戦する人たちを応援するとともに、今後の展開に期待しています。

### 先輩からの一言

- **強度行動障害のある人には、健康に関する課題がある。**
- **看護師と支援者との連携が必要である。**
- **看護師の強度行動障害に関する専門性の向上や学びの機会（研修や文献）が必要である。**

# 第3章

# 支援が前向きになる6の視点

第３章では、強度行動障害のある人を支える支援者のみなさんに伝えたいことを、６つのテーマでわかりやすく解説します。
強度行動障害のある人の支援に欠かせない大切な視点とこれまでの実践。そのなかから、支援の視野を広げる、もう一歩踏み込んだ内容がまとめられています。
一つひとつのテーマには、支援者のみなさんの役に立ってほしい、支援に前向きに取り組んでほしい、というエールが込められています。

# 第1節 強度行動障害のある人の魅力
## ――強度行動障害の理解

## 1 強度行動障害のある人を支える家族

### ❶ 障害のある子を育てる家族の暮らし

「この子と外出すると謝らない日なんかなくて……。だからほら、私なんかひざとおでこがくっついちゃうわよ。あははは」

自分のおでこをぺたぺた叩きながら笑う女性。これは、ある青年のお母さんの言葉です。青年は自閉スペクトラム症（ASD）で強度行動障害があります。普段はグループホームで過ごしていますが、週末は帰省して家族との時間を過ごしています。何事も「ピシッ」としないと気がすまないため、曲がったものや倒れているものを見るやすぐに直します。たとえば、お店の前に敷かれたマットをまっすぐに直す。倒れている自転車を立てる。知らない人の家の洗濯物の曲がりを直す。工事中の通行止めの標識をまっすぐに直す……。彼と外出したら目が離せません。謝りつづけるお母さんの姿は容易に想像できます。

彼と外出支援で散歩をしたことがあります。9月の台風一過の海辺、普段なら気持ちの安らぐひとときですが……、駅から海へと向かう道中、さまざまなものが昨日の台風で飛散していました。すべて倒れた駐輪場の自転車に工事のコーン。もちろん、駅を降りるやいなや彼は猛ダッシュで自転車とコーンを直し始めます。道々、直しつづけてようやく海岸に着くと、そこには台風一過の波ねらいのサーファーたちがいます。サーファーの自転車にはスタンドがついていない仕様が多いので、そのままビーチに横倒しです。直したくても立たない自転車を前に彼は大パニック。「ああ、台風の後の海岸に連れてきてしまって、ごめんね……」、心のなかで彼に謝りながら、彼が自転車を１台１台ビーチのボードウォークになんとか立てかけるのを手伝いました。たっ

た1日の付き添いでもこんなに気苦労を重ねるのに、お母さんは何十年も彼と一緒にいて、しかもそれを笑い飛ばして明るくふるまっているのです。

「息子の声に負けないくらい騒がしい町工場の隣に家を建てたのです。これならどんなに大声を出しても近所迷惑にならないから」。そう言って工場地帯に建てた家の説明をするお父さん。息子さんは機嫌のよいときも悪いときも常に大声を出して感情を表現します。うれしくても「ダーッ！」、悲しくても「ダーッ!」。彼を知っている人には違和感がなくても、知らない人が聞くとちょっと怖い声かもしれません。

「息子の偏食にはとやかく言うのに、自分のことは気にしなかったら、病気になってしまって。だから、手術のある日は息子を預かっていただける？」

ある日、お母さんからグループホームに相談がありました。「お医者さんは入院を勧めるのだけれど、息子が帰宅できないとかわいそうなので、簡単な治療にしていただいたの。これなら、週末1回だけの治療ですぐ家に帰れるからって」。あとで父親から聞いた話では、病状が重く大きな手術が必要だったが、息子のことを優先して簡単な治療を強く希望したとのことでした。

このように、強度行動障害のある子を育てる保護者たちの苦労話は、支援者にとって耳の痛い話ではあるけれど聞かせていただいて、「少しでも気持ちが楽になるのならば」と意識的に聞くようにしています。とはいえ、日々、耳にしない日がないくらい、このような話題に事欠くことはありません。

### ❷ ケアの社会化と脱家族化

1981年の国際障害者年を契機に、「完全参加と平等」をスローガンにノーマライゼーションの理念のもと、ケア（介護）の社会化が喧伝されて久しいですが、家族に重い負担のかかる現実は、先のお母さんやお父さんたちの話からも感じられます。

私が支援を行っている横浜市では、行動障害がある人の多くが在宅で過ごしているという報告もあります（「知的障害者の住まい検討部会　中間報告書」平成27年9月）。さらに、その数は年々増加しているという報告さえあります。「保護者が命を削って行動障害のあるわが子を看ている」。私は比喩ではなくそのように感じています。実際にわが子を残して亡くなっていった保護者も何人もいます。「後ろ髪を引かれるなんて生易しいものではないの。髪をわしづかみされて振り回されているような感じ……」。いよいよ具合が悪くなって入院する前にそう話していたのは、先にふれた簡単な治療を選んだお母さんです。

「施設から地域へ」――この大きな流れのなかで、著しい行動障害や知的障害の重さゆえに、希望するグループホームでの生活を拒まれ、さらには施設入所すらかなわないなかで在宅生活を強いられる。このような現実をどのようにしたら変えられるのでしょうか。ケアの社会化、ケアの脱家族化、地域で強度行動障害のある人たちを支えるためには何が必要なのでしょうか。

## 2 強度行動障害のある人を支える施策

2014（平成26）年度より、発達障害者支援センターの地域支援機能を強化するために、発達障害者地域支援マネジャー（以下、地域支援マネジャー）の配置が発達障害者支援体制整備事業（地域生活支援事業）として都道府県、政令指定都市に求められるようになりました。横浜市では横浜市社会福祉協議会（障害者支援センター）で、自閉症児・者親の会（現・横浜市自閉症協会）と横浜市障害福祉部との間で「自閉症懇談会」が発足し、市内の自閉症、発達障害者に支援について幅広い意見が交わされました。そのなかで「第３期障害者プラン策定にむけて基本と提言」がまとめられ、①施策の基本は「脱家族化」、②グループホームや入所待機者を第３期プラン中にゼロに、③行動変容を促す包括的な施策が「三つの基本」として提言されました。自閉症児・者親の会の調べでは施設入所待機者の多くが行動障害のある人で、市内のグループホームでも多くの知的障害者を受け入れてはいましたが、こと行動障害のある人に至っては支援方法が不明なこともあり、その受け入れはなかなか進んでいませんでした。そのような課題解決のため「第３期障害プラン」のなかに「行動障害のある人の住まいの検討」を行うことが記載され、その後横浜市障害者施策推進協議会の部会として「知的障害者の住まいの検討部会」（以下、部会）が設置されました。部会では、2015（平成27）年度に全7回の検討委員会が開かれて年度末に報告書を出し、そのなかに地域支援マネジャーが位置づけられました。

報告書の概要としては、まず「人材育成に係る方向性」と「拠点機能に係る方向性」が示されました。「人材育成に係る方向性」では、①標準化された支援手法の浸透とオール横浜市で人材育成体系を構築、②現場で働く職員をフォローアップし、疲弊感・孤立感の軽減する仕組みの構築が、「拠点機能に係る方向性」では①コンサルテーション等により質の高い拠点機能の整備、②地域生活継続にリスクが高い人を受け入れ、生活の立て直しならびに生活継続の機会の提供がそれぞれ具体的に提言されています。この提言を受けて、横浜市では2016（平成28）年度下期より、強度行動障害支援者養成研修の実施と、地域支援マネジャーの配置という二つの事業が開始されています。

## 3　コンサルテーションの二つの「壁」

このように横浜市では保護者からの強い要望もあり、ケアの社会化（脱家族化）や強度行動障害のある人を地域で支える仕組みとして、地域支援マネジャーが発達障害者支援センターに4名配置されています。現在、年間約750件の相談を受けています。相談の約半数が日中の事業所（生活介護事業所、就労継続支援B型事業所、地域作業所など）で、4分の1がグループホームとなっています。実際に事業所を訪れ、事業の困りごとに寄り添い伴走しながらコンサルテーションを行っています。私は2016（平成28）年度の配置当初から地域支援マネジャーとして市内の事業所を訪問しています。当初は事業所へ訪問してケース会議に同席したり、研修をさせてもらったりと助言やアドバイスを行うことが多かったのですが、ある日、私たちが事務局となり実施している横浜市の強度行動障害支援者養成研修を受けた事業所のスタッフから相談を受けたことがありました。「強度行動障害支援者養成研修を受けてみたけれど、実際に事業所でどのように実践してよいかわからない」「地域で強度行動障害のある人を受け入れる事業所はほとんどない。多くの事業所が強度行動障害支援者養成研修を受けているのにもかかわらず、受け入れを断らざるをえない」「実際にうまくいっている支援を見てみたい」といった内容でした。

以前から、強度行動障害のある人にかかわる支援者が自信をもって支援を実施できるようになるためには、実際に利用者の行動変容を目の当たりにするのが最も大切だと感じていたので、アドバイスや情報の伝達、研修のみのコンサルテーションには限界があると感じていました。しかし、実際に地域支援マネジャーが他の事業所で支援を展開するのには制約があり、そこには二つの大きな「壁」を感じていました。

一つ目の「壁」が「モデルとなる利用者の選定」です。支援者が行動変容を目の当たりにするには、そこまで行動障害が激しくない人をモデルとして学ぶのが最適ですが、そこには倫理的な問題があります。まずは、支援者の学びとして利用者や保護者に協力を仰がなくてはならないことがあります。事業所や支援者の最大のミッションは、一人ひとりの利用者の幸福追求や自己実現の手助けをすることなので、自分たちの学びに協力してもらうことに葛藤や躊躇を感じる場合があります。保護者が事業所や支援者に求めることとして、まずは「本人に一日を笑顔で安定して過ごしてもらいたい」という思いをもつ人もいます。そのような保護者にとって新たな支援を導入することにためらいや否定的な気持ちをもつことは想像にかたくありません。そのような倫理的な問題を乗り越えたとしても、次なる「壁」が立ちはだかります。

二つ目の「壁」は、事業所が担うそれぞれの地域での役割と存在意義（コアバリュー）が、いわゆる「構造化」と呼ばれる強度行動障害のある人への支援の環境設定とで齟齬を起こしてしまうことです。一つひとつの事業所は立ち上げの経過や地域性などさまざまな事情を抱えて運営しています。その事業所の運営のなかで強度行動障害のある人の個別の環境設定や「自分から始めて、自分で終えて、自分から次の活動へ」といった自立的な学習の仕組みの導入が難しい場合があります。どのような障害のある人も受け入れ、地域で障害のある人の居場所として機能しているような事業所では、強度行動障害の状態にある人の支援になかなか特化しづらい事情があります。「パターナリズム」といって、そのような事業所を批判することも可能かもしれません。が、私は事業所の存在意義はさまざまであってよいととらえているので、そのような批判にくみすることはありません。「朝、『いってきます』と元気に出かけていって、夕方、『ただいま』と元気で帰ってくる。それだけでいいのです」という保護者の気持ちはもっともなので、そこに存在意義（コアバリュー）を求める事業所は、それはそれで地域のなかで役割を担っているのですばらしいことだと思っています。

しかし、一方ではこのような「壁」の存在で、強度行動障害のある人の行動変容を目にできない、体験できないがゆえに、支援力の向上につながらない事業所が多くあり、そこで働く支援員にとっては「強度行動障害支援者養成研修で学んだ事柄と実践がなかなか結びつかない」という現状があるような気がします。

## 4 「壁」を乗り越えた一つの事例

強度行動障害のある人の支援を行う支援者が自信と確信を獲得するうえで、利用者の行動変容を実際に目の当たりにするのが最も効果的な近道です。地域や事業所の事情で、なかなか実践的なコンサルテーションができないというもどかしさを乗り越えるきっかけになった一つの事例を紹介します。

「地域で対応困難な人がいるので、一度見に来てほしい」とある基幹相談支援センターのスタッフから連絡があったのは、地域支援マネジャー事業が開始されてから半年を迎える頃でした。ASDの診断がある20代の女性です。特別支援学校を卒業後、地域の生活介護事業所に籍を置くもすぐに不通所となり、基幹相談支援センター経由で基幹相談支援センターを運営する法人の生活介護事業所につながるも通所は安定せず、週に１回支援員が自宅を訪問し、近隣のコンビニへ出かける付き添いをしているとのこと。それ以外は自宅にこもり昼夜逆転の生活をしている。基本的に自宅では洋服を着ず、支援員と買い物に行くコンビニで毎回はさみを購入し、そのはさみで家中の布を切り裂くため、会社員の父のスーツは金庫に保管されている。さらにはカーテンも切り刻むため夜間でも電灯は点けられず、家の中は真っ暗だという。食事は好きな時間に床に座ってスナックを食べ、排せつもそこで行う。切るものがなくなるとはさみを器用に使って家電を分解する。このようなエピソードを聞いた後、実際に家庭を訪問しました。外見は瀟洒なマンションでしたが、内部は破壊されつくされ、両親と妹、同居する家族は精神的に追い詰められていました。本人はというと、コンビニへの道中、歩道の白線を踏み歩き、曲がり角は直角で曲がるなど、かなり同一性の保持が強いように感じました。一方で、支援員には注意を向けず、支援員の声かけにも全く反応がみられないので、人へのアテンションの弱さ、言語コミュニケーションの弱さなど、典型的なASDの特性が行動から強く示唆されました。

「これは、地域課題であると同時に権利の問題でもある」。私は、「普通の生活はもうあきらめています」という母親の言葉や「お姉ちゃんにわけもなく暴力を振るわれます」という妹の言葉を聞いて、このような状態を放置するのは、そもそも「健康で文化的な最低限の生活を営む権利」(日本国憲法第25条第1項)ですら保障されていないといった権利の問題ではないかと衝撃を受けました。さらには、このような状態にある原因が、ややもすれば本人の障害に起因するかのような関係者の理解にも強い危機感を覚えました。なぜならば、強度行動障害は二次障害であるので、環境設定次第で改善することがわかっていたからです。逆にいえば、問題行動として表出される行動のみにとらわれ、「その行動がなぜ起きるのか」「どのような困りごとを本人が抱えているのか」を想像することが関係者にできないということだと思いました。このことは、「実際にどのように実践していいかわからない」といった事業所の問題と似ている気がします。両者ともに今の「問題」にとらわれ、本人が本当にもっている能力が見えなくなっているのだと思います。さらに言うならば、その本来もっている能力は環境によって引き出されるのです。その環境によって引き出された能力を発揮している状態を以前の状態と比較すると、それが行動変容となって現れるということなのです。

そこで、このような権利の問題、地域課題としての問題の原因が環境要因であることを、関係者が本当に理解するためには、本人の本来もっている能力を目に見える形で示さなければいけないと感じ、まずは、直接観察や直接評価を行うことで本人の能力を可視化することにしました。評価で明らかになった本人の能力を確認するなかで関係者間では、「どのような配慮があればその能力が発揮できるのか」「本人の本来もっている力を活かせる環境はどのようなものか」と、現在の「問題」ではなく、未来の本人の姿へ議論を行う素地が育まれました。そしてその素地が保護者へも伝わり、「あきらめ」が「希望」へとつながっていきました。父親はマンションの室内の改装を決意し、本人の行動のリセットを行うために、3か月のミドルステイという宿泊を行ってもらう事業所を探し、さらには地域支援マネジャーが本人に適した環境設定をその宿泊先に設定し、実際に支援を実施してみました。そうして、ほぼ問題行動なく過ごす本人をさまざまな関係者に見てもらうなかで「壁」を乗り越えていきました。

現在、本人は三つの居宅介護事業所の支援で在宅生活を維持し、生活介護事業所への通所が安定的に維持できています。この事例は私たちにも具体的な本人支援の大切さと同時に、関係者を巻き込んでいく総合的なケアマネジメントの重要性に気づくきっかけを与えてくれました。

## 5 本人のことはすべて本人が教えてくれる

コンサルタントをしていると事業所からさまざまな質問を受けます。そのなかでみなさんに「答え」を求められることが多いのですが、そのたびに「答えを出すのは本人です」と答えています。私たちにできることは、強度行動障害のある人の本来の能力を可視化して関係者に伝え、その能力に見合った環境設定を行い、そのなかで本人たちが示した行動に合わせて環境を微調整していく。ただそれだけです。環境が合わなければ本人たちは問題行動として私たちにそれを伝えてくれます。環境が本人に合っていれば、本来の姿を見せてくれます。そしてそのなかで本人も成長していきます。その成長に合わせてまた環境を微調整する。優れた支援者とは、本人の身の丈に合わせてオーダーメイドで服を作るテーラーのようなものです。

現在、私たちの周りでは、重度訪問介護を利用して地域でヘルパーの力を借りながら暮らしている強度行動障害のある人たちがいます。ヘルパーの多くは医療ケアや脳性麻痺の人など身体系の介護を行ってきた経験のある人です。身体系の支援は間違いがあると命に直結するの

で、支援はマニュアル化され常にブラッシュアップされています。ヘルパーからこんなことを言われたことがあります。「知的障害者のヘルプはニードが見えづらいので大変です。でも、強度行動障害のある人のヘルプはわかりやすいですね。彼らは嫌なときにはすぐに行動として表してくれます。そこに、ニードがあるのですね」。いみじくもこの言葉は私たちが常に感じていることと一緒です。問題行動として示された行動はニードのありかを示している。そして私たちにできることはそのニードを可視化して支援者に伝えることなのです。

**「本人のことはすべて本人が教えてくれます」**

このことを忘れなければ、彼らを地域で支えることはそんなに難しいことではないような気がしてなりません。

---

参考文献

- 横浜市知的障害者の住まい検討部会「知的障害者の住まい検討部会　中間報告書」2015年
- 横浜市知的障害者の住まい検討部会「行動障害のある方の地域移行及び地域生活に向けた方向性について　報告書」2016年
  https://www.city.yokohama.lg.jp/kurashi/fukushikaigo/fukushi/shingikai/sumai/20150526181313.html（参照2023-07-31）

# 第2節 一人の大切な人として
## ――行動障害と虐待防止と権利擁護



### 1 行動障害のある人と権利

私たちは支援のなかで、障害のある人の「権利」について意識し、できるだけ尊重しようと思いながら仕事をしています。「この人に何か不利益なことをするのだ」という目的をもってこの世界に足を踏み入れる人はまずいないはずです。少なくとも、私はこれまで出会ったことがありません。

障害のある人にも、そうでない人にも当然ですが「権利」が存在します。障害があるからといって、それを理由に不利益な扱いを受けることはあってはならないことです。

しかしながら、大声や自傷、他害といった不穏な行動をする、移動や食事、排泄等の日常的な生活全般にサポートが必要となると、支援者の多くは、暗黙のうちに、障害のある人たちのことを「劣っている人」「自分の支援がないと生活ができない人」と思うようになっていきます。

家族のほうも、自分の子どもに行動障害があり、今、利用している事業所に断られたら行く場所がないので、多少ぞんざいな扱いを受けても、異議を唱えられずに我慢をする、なんてことがあるかもしれません。

行動障害を抱える人の多くは、一般的な社会通念から照らし合わせると「不適切」な行動をとることがありますが、本書でもふれられているとおり、行動障害のある人の多くは言葉をもたず、独特の方法でさまざまな表現やメッセージを発します。また、自身がされている権利侵害に対して言語で明確に伝えることが困難な人が多いのです。

「障害者虐待において行動障害のある人の割合が比較的高い」というデータがあります。厚生労働省の調査によると、障害者福祉施設従事者等による障害者虐待における被虐待者では行動障害のある人の割合が36.2%を占めています（厚生労働省「令和３年度『障害者虐待の防止、障害者の養護者に対する支援等に関する法律』に基づく対応状況等に関する調査結果報告」)。また、市区町村等職員が判断した虐待の発生要因として「教育・知識・介護技術等に関する問題」が64.5%を占めており、適切な支援技術・手法の不足が虐待行為を引き起こす要因であることがわかります。行動障害のある人の権利を護り、適切な支援を行っていくためには、しっかりとした支援技術を習得することは欠かせない、ということになります。

## 2 強度行動障害と合理的配慮

以前、強度行動障害支援者養成研修の講師をしていた人が「この研修は、合理的配慮を学ぶための研修だ」と話していたことがありました。私はその言葉を聞いたときに、「本当にそうだよなぁ」と思いました。

強度行動障害のある人の支援手法を学ぶということは、その人の抱える事情（障害特性）をじっくりと見定めて（アセスメント）、どのような方法でメッセージを表出し、どのくらいこちらの情報が相手に伝わり、不快な刺激や情報を除去していかに本人の意向に沿った具体的な支援を行うかということですが、まさにこれは「合理的配慮」そのものです。そういう切り口で強度行動障害のある人の支援手法を学び、支援の質を向上させていくことは「権利擁護」に直結することなのだと、その人の言葉を聞いてあらためて強く認識しました。

ちなみに「合理的配慮」とは、2016（平成28）年４月に施行された「障害を理由とする差別の解消の推進に関する法律」(障害者差別解消法）のなかに出てくるキーワードです。障害のある人は社会のなかのバリアによって生活がしづらいことがありますが、そのバリアを取り除くために、障害のある人から何らかの対応を必要とする意思が表出されたときに、負担が重すぎない範囲で対応することが求められています。合理的配慮とはこのようなものを指します。

ポイントは「バリアを感じている障害のある人」から「何らかの対応を必要とする意思が表出されたとき」に「対応をすることが求められている」というところです。先述したように強度行動障害のある人たちの多くは、自身で自分の気持ちを言葉で適切に発信したり、主張したりすることが難しい人がたくさんいます。その代わりに、言葉以外のさまざまな方法でいろいろなメッセージを発信します。時に、ちょっと困った行動として発信することもあります。それを「何らかの対応を必要とする意思の表出」として意識し、受け止めることはなかなか難しいかもしれません。しかし、支援者である我々には、時に「不適切ではないか」と一般的には思われる強度行動障害のある人が呈する行動から、その意図や苦しみ、支援を必要とするメッセージとして受け取り、本人らしくいきいきとしたその瞬間、一日、日常、人生をサポートすることが求められています。

## 3 虐待をしてしまうメカニズム

実際の現場の場面ではいろいろ大変なことが多いのが実情です。いくら支援技術を学んでも、そのすべてが現場で応用できるわけではありません。一人の支援者ができたとしても、その支援方針がすべてのスタッフに完璧に共有されるということもなかなか難しいものです。うまく支援ができている人の手法を実践しているつもりでも、いざ自分が現場に入るとどういうわけか相手がパニックになってしまったり、自傷や他害行為、試し行動が頻繁に出現したりもします。そのときに「支援技術が未熟だ……」「アセスメント力が足りない……」と周囲から評価されてしまうと、もうどうしていいかわからなくなってしまうのではないでしょうか。

こういうことがくり返されると、心が疲弊し、余裕がなくなり、自分の支援に自信がもてなくなります。思いどおりの支援ができないストレスは時に怒りとなり、その矛先は利用者に向かってしまうこともあると思います。その結果、「虐待」という深刻な権利侵害に陥ってしまうことがあるのではないでしょうか。

以前から施設における虐待の共通の構図として「虐待は密室の環境下で行われる（環境）」、「障害者の権利を侵害する小さな出来事から心身に傷を負わせる行為にまで次第にエスカレートしていく（意識）」、「職員に行動障害などに対する専門的な知識や技術がない場合に起こりやすい（専門性）」といった要因が指摘されてきました。

また、「怒り」をコントロールする「アンガーマネジメント」「アンガーコントロール」という考え方を学び、怒りの感情と上手に付き合って、虐待防止に役立てていくことも重要なポイントです。事業所における研修のなかにこうした学びの機会を設けることは実に有益であると思いますし、実際に成果を上げていることは承知しています。しかしながら、私は虐待行為に至るメカニズムをもう少し掘り下げて考える必要があるように考えています。

ここからは、私見もかなり入りますので、私の言葉が虐待のメカニズムのすべてを説明しているものではありませんし、正解と呼べるものではないかもしれません。その点をふまえて読み進めてもらいたいと思います。

まず、虐待行為を構成する要素として、先ほど紹介した「環境」「意識」「専門性」とは別に、以下のように大きく三つの構成要素があるのではないかと私は考えています。

### ❶「ケア」には上下関係ができやすい

障害福祉サービスを提供している我々支援者と利用者との関係は、契約関係において「対等」です。またいわゆる「福祉の世界に生きる者」としての哲学としても、「ケアをする側」と「ケアを受ける側」の関係はできるだけ対等であろうとします。お互いの存在を尊重し合い、できる限り良好な関係を構築し、それを保つように努めます。

しかし、実際には障害のある人たちはあらゆる場面において支援、介助、サポートが必要になります。重い障害があればあるほど、「ケア」が介在しないと生活が成り立たないため、自ずと「ケアをする側（してあげる側）」と「ケアを受ける側（ケアをしてもらっている側）」という暗黙の上下関係が発生することになります。自身の意思を明確に発することができる人であれば、支援者側の都合や理屈、権利侵害に当たるような行為についても比較的主張がしやすいので、危うくなりそうな場合には、バランスを取って均衡を保とうとしますが、意思の表出が難しい強度行動障害のある人にとっては主張が難しい面があるため、「上下関係」は成立がたやすくなります。

### ❷「感情の等価交換」がしにくい

私たちは、何を目的にこの仕事をしているのでしょうか。「仕事」とは、その労働の対価としての給料をいただくのが大きな目的になろうかと思います。でも、給料だけが目的であれば、必ずしも強度行動障害のある人にかかわらずともよいはずです。

それではなぜ、我々はあえてこの仕事を選んでいるのでしょうか。

以前、夜勤のある製造業で働いていて、リストラに遭って福祉業界に転職した人から話を聞いたことがあります。この業種を選んだ理由を尋ねたところ、「同じ夜勤がある仕事であれば、人と触れ合う仕事がしたい」「ありがとうって言ってもらいたいと思った。製品は決して自分にお礼は言わない」という回答でした。

これは、福祉の世界に限らず「対人援助職」に携わる人々のモチベーションの根源にかかわることのように思います。私たちのような業種は、仕事のモチベーションとして、労働対価としての「給料」とは別に「感情の対価」を得ているという側面が強く関係しているように思います。

人はなぜ、誰かを愛するのか。それは愛した人から同じような愛情を期待するからです。相手も自分のことを愛してくれれば「愛し合う」ことになります。誰かに親切にするのは、そこに「感謝」という感情の報酬があるからです。「苦しみ」には「いたわり」、「悲しみ」には「慰め」という感情の対価があるから、我々はその気持ちを誰かに打ち明け、共有します。それによって救い、安らぎや喜びが与えられます。

自分の差し出した感情に対して同等の感情の対価を得ることを「感情の等価交換」といいますが、私たちは自分の差し出した感情に対して「感謝」や「いたわり」といった相手からの感情の報酬を期待しています。（意識しているか無意識であるかは別として）自分が注いだ感情と等価の感情を得ることで喜びを得てモチベーションが上がり、仕事を続けていく活力を得ます。しかしながら、強度行動障害のある人たちは、その障害の特性において、この「感情の等価交換がしにくい領域」であると私は感じています。この「感情の等価交換のしにくさ」と虐待行為との関係は、強く意識する必要があります。

### ❸ 支援者の期待と相手が呈する行動のギャップ

私たち支援者は相手に対して、自分にとってふさわしい行動、言動を「期待」して仕事をしているところがあります。日々の支援で、移動、食事、整容、排泄、作業等について、利用者は支援者の「期待どおり」の行動や言動をしなければならないのです。

たとえば、移動に困難な人がいて、車いすで移動をする場面があったとします。支援者であるあなたは「◯◯さん、車いすを押しますね」というと、相手はたいがい「はい」とその移動に応じます。支援者は当然のごとく「移動」という行為に対して相手が応じることを当たり前に期待し、そのとおりの行為に至ることでその支援が成立します。あなたは「移動する際には、その行為に相手は当然ながら素直に応じなければならない」と思っています。また「応じてもらわなければならない」と思う自分も存在するのです。

しかしながら、強度行動障害のある人の支援ではそうはいかないことが多いものです。事業所で昼食の時間に何らかの原因でパニックになり、床に頭を打ちつける人がいた場合 、支援者であるあなたは「◯◯さん、そんなふうに怒らないで。さあ、もう昼食の時間だから立ち上がってご飯を食べましょう。みんな待っていますよ」と声かけをします。その声かけに対して利用者さんが、その行為をピタッと止め、ふと何かに気づいたかのようにゆっくりと立ち上がり、衣服についたほこりを払って「そうだよね。ごめんね。私がいけなかったよ。こんなところでひっくり返っているのはよくないよね、声をかけてくれてありがとう」と言って、昼食の場に向かう――そんなことをあなたは期待します。

もちろん、物事はそんな思ったとおりにはいきません。声をかければかけるほど、パニックは大きくなり、大声で泣き出します。他の利用者に向かっていきます。あなたの腕をつかみ、思い切り爪を立てます。あるいは、肩に噛みついたりするかもしれません。「あなたが期待したとおりの行動を利用者は全くしてくれない」――こうした支援者として当然のものとして期待する反応が得られない頻度が、強度行動障害を呈する人には多いと思われます。外出のときには当然に靴を履くべきだけれどその靴を口に入れて引きちぎる、送迎のときに目的地に着いたら当然のように降りるべきだけれど、徹底的に拒否して何時間も車に乗ったまま……。「当然のように◯◯してくれる」「◯◯すべき」という期待や暗黙知から大きく逸脱した行動を利用者がするとき、支援者は、そのギャップに強く戸惑い、感情は破壊されていきます。

「ケアの場面における上下関係が強固に確立し」、「感情の等価交換が難しい状況に陥り」、「支援者の期待と相手が呈する行動のギャップ」が重なり合ったとき、支援者のなかにある心のコップから感情が溢れ、虐待行為に至るといった経緯をたどる一つの要因になっているように思っています。

もちろんこの条件だけですべての虐待行為を説明できるわけではありません。性的虐待や経済的虐待が発生する要因は、これには当てはまらず、別の要因があると考えます。しかし、私の支援者としての経験、事業所の管理者としての経験から、強度行動障害のある人についてはこうした「虐待に至るメカニズム」があるように感じています。

## 4 おわりに――一人の大切な人として

この節のタイトルにある「一人の大切な人として」には、二つの意味があります。

一つは当然ながら強度行動障害のある本人のことを指します。強度行動障害のある人は生まれつき強度行動障害があるわけではありません。さまざまな環境的な要因が、その人の抱える障害の特性と相まった結果としての状態像です。

どんなに重い障害があったとしても、一人の人として尊重され、自分自身の人生をうるおいのあるものに彩っていく権利があります。本書の主たるテーマは「強度行動障害」ですが、その前に、一人のかけがえのない、大切な人です。

もう一つは、支援者に向けてのメッセージがあります、日々、行動障害のある人に向かって支援しているあなたもまた、かけがえのない、一人の大切な人なのです。

強度行動障害のある人の支援は、簡単ではありません。誤解をおそれずに書けば、「誰でもできる」わけではないと思っています。実際、支援がうまくいかず、落ち込んでしまう人もいます。行動障害のパニックでかなりひどい他害行為を受けたショックから、福祉の世界から離れてしまった、という話も聞きます。行動障害のある人に向き合うのは、過酷で、大変なことではありますが、でも私は、この仕事にとても強い愛情と尊さを感じています。なぜ、そんなふうに思うのか、その疑問への回答の一つに、元毎日新聞論説委員で現在は植草学園大学副学長の野沢和弘さんが、ある書籍のなかでこんな言葉を綴っています。

> これまでわりと無頓着に見落とされてきましたが、ユニークな行動特徴を有する人びとに対する支援は、その障害に関する高度な科学性や専門性と、人間へのあくなき愛着や情熱を併せ持つ支援者でないとなかなか務まらないようにも思います。福祉サービスにとどまらず、現場での人間科学の探求という役割が「行動援護」にゆだねられているのです。支援者がその役割を自覚して、新たな価値観（魅力）を障害者福祉の分野に築くことができたとき、「行動援護」が意味する支援は福祉の枠を超えて、この時代の重要な役回りを演じることになるのかもしれません。

出典：野沢和弘「コラム　親の立場から「行動援護」を見ると……」加瀬進編『行動援護ガイドブックー障害児・者ホームヘルプサービスの新たな形』財団法人日本知的障害者福祉協会,2005年,p.12

強度行動障害のある人の支援をすることの意味や魅力、支援の哲学がこの言葉に集約されているように感じます。私たちの役割は高度な科学性や専門性、人間へのあくなき愛着や情熱を通して、障害のある人たちの彩りのある豊かな暮らしを支えるというミッションがあります。それはまさに、権利擁護そのものではないかと、私は思うのです。

**参考文献**

- 厚生労働省障害保健福祉部「令和3年度『障害者虐待の防止、障害者の養護者に対する支援等に関する法律』に基づく対応状況等に関する調査結果報告書」2023年
  https://www.mhlw.go.jp/content/12203000/001077173.pdf（参照2023-07-31）
- 厚生労働省社会・援護局障害保健福祉部長通知「障害者（児）施設における虐待の防止について」（平成17年10月20日 障発第1020001号）
- 武井麻子『ひと相手の仕事はなぜ疲れるのか―感情労働の時代』大和書房,2006年
- 加瀬進編著『行動援護ガイドブック―知的障害児・者ホームヘルプサービスの新たな形』日本知的障害者福祉協会,2005年
- 重岡修「知的障害者施設において虐待が発生する背景」『山口県立大学社会福祉学部紀要』第14号,2008年
  https://www.l.yamaguchi-pu.ac.jp/archives/2008/socialwelfare/02_shigeoka.pdf
  （参照2023-08-01）

# 第3節 暮らしを支えるための医療
## ——医療と福祉の連携

### 1 強度行動障害のある人と医療

#### ❶ 強度行動障害と医療

強度行動障害の支援には医療が欠かせないといわれることがあります。ただ医師の立場からすると、本当にそのとおりなのかということには、いくらか疑問もあるのです。

この「強度行動障害」という概念は、もともと医学のなかから出てきたものではありません。よく用いられる1989年の行動障害児（者）研究会による強度行動障害の定義（行動障害児（者）研究会 & 飯田雅子, 1989）でも「精神科的な診断として定義される群とは異な」るとして、医学的な疾患単位とは違うものであることが、はっきりと示されています。この言葉は医学用語というよりはむしろ福祉用語として、時には行政用語として用いられてきたものであると考えていただくほうがよいでしょう。

このため、強度行動障害への支援を医療の仕事であると考えている医療者は、実はあまり多くはないのが現状なのです。

#### ❷「疾患」と強度行動障害

一方で、古典的な病気の概念がしっくりくるような「疾患」のなかに、強度行動障害とよく似た症状を起こすものがたくさんあります。

たとえば身体の病気としては、膀胱炎や尿道炎などの尿路感染症が起きると、排尿の感覚が短くなって、短い時間のあいだに何度も何度もトイレへの往復をくり返すといったことが起こります。また皮膚炎などが起こると、そのかゆみや痛みのせいでイライラしやすくなったり、皮膚をかきむしったりすることが起こります。お尻におできができたりすると、座ることを拒むかもしれません。腸閉塞や胃腸炎などの消化器系の病気が起きると食欲がなくなったり、何度もくり返して嘔吐したりということが起こります。女性の場合には、月経の周期によって調子が悪くなったり、更年期にもイライラすることが増えたりすることがあります。

そして、統合失調症やうつ、躁うつなどのいわゆる精神疾患による行動の変化は、あまり強度行動障害に含めて考えられることはありませんが、症状の現れ方によっては、攻撃的な行動につながったりすることもあります。

こうした狭い意味での疾患による行動の変化は、投薬や時には手術といった医学的な治療によく反応して、改善します。これらは普通、強度行動障害には含めて考えません。

では、どのような場合にこうした疾患による行動の変化を疑うべきなのでしょうか。典型的でない「強度行動障害」をみたとき、たとえば急に頻度が増えるとか、周期的に行動が変化するとか、何らかの他の症状（発熱や皮膚の変化、痛み、嘔吐、便秘など）を伴うものであるとかの場合には、背景に何らかの疾患があることを疑って、医療機関に相談することには大きなメリットがあります。

逆に典型的な強度行動障害である場合、つまりは子どもの頃からの行動が、だんだんと変化、増強して、現在の行動につながっていることが、確かめられたり推測できたりするような場合には、医学的な治療には限界があります。これが、厚生労働省が強度行動障害支援者養成研修を始めたとき、その対象が医療従事者ではなく福祉従事者であったことの理由であるともいえるでしょう。強度行動障害に対して、医療ができることはあまり多くはないのです。

### ❸ 医学からの見立て

とはいえ、医学的な見立ては、「本物」の強度行動障害の場合でも、支援に役立つことがあります。強度行動障害のある人には非常に高い頻度で、自閉スペクトラム症がみられることがわかっています。背景に自閉スペクトラム症があることが診断されていれば、自閉スペクトラム症の人に見られやすい感覚の過敏や鈍麻、社会的動機づけに対する反応の乏しさ、興味・関心の広がりにくさ、嫌悪的な記憶の保たれやすさなどの特性が、行動の問題の背景にある可能性が推測しやすくなり、見立てや介入方法の発見の効率が高まったりします。

また、注意欠如・多動症（ADHD：Attention-deficit/hyperactivity disorder）が背景にある場合や心的外傷後ストレス障害（PTSD：Post-traumatic stress disorder）が背景にある場合などにも、それぞれ行動の成り立ちを推測する際の手がかりとなります。

強度行動障害のある人を診療した経験が豊富な医師は多くはありませんが、うまく巡り会うことができれば、行動の分析を進めていくための手がかりをたくさん得ることができるかもしれません。

### ❹ 薬物療法の功罪

強度行動障害のある人にはしばしば薬物療法がおこなわれます。自閉スペクトラム症の人であれば、その易刺激性（刺激に対して過剰に反応しすぎる傾向）に対して、抗精神病薬（リスペリドンやアリピプラゾール）などの投与が行われることがあります。また注意欠如・多動症のある人の場合には抗ADHD薬が使われます。時には高い衝動性に対して気分調整薬が用いられたり、睡眠の問題に対しては、睡眠覚醒リズムを調整する薬やいわゆる睡眠薬が用いられたりすることがあります。こうした薬物について詳しく述べることは本稿の目的ではありませんが、薬物療法を含む医療的支援に関するさらに詳しい情報がほしい場合は、『多職種チームで行う 強度行動障害のある人への医療的アプローチ』（国立病院機構肥前精神医療センター, 2020）などをご覧いただくのがよいかと思います。

こうした強度行動障害への薬物療法はすべて対症療法として行われます。対症療法とは根治を目的としない、症状を和らげるための治療法です。このため、薬を飲むだけで強度行動障害がなくなるということは基本的にありません。そして薬を飲まないと強度行動障害が治らないということもまた起こらないのです。薬物療法は行動を変えていくための他の介入、たとえば環境の調整や新しいスキルの獲得支援などと組み合わせることで、相乗的に効果を発揮するのです。

一方で薬物療法を行うことには多くの弊害も伴います。なかでも最も問題になりやすいものは、眠気やだるさです。こうした副作用が強く現れている状態では、新しいことを学んでいくのが難しくなります。強度行動障害の改善の本道の一つが、新しい行動のパターンを学んだり、以前のよい行動のパターンを思い出したりすることであるのを考えると、学ぶのを妨げるという副作用は支援の効率を著しく悪化させます。

　強度行動障害のある人は、しばしば非常に多くの薬物を服用しています。これが結局、新たな学習を阻害して、強度行動障害の状態がより長く続くことにつながってしまっている例も少なくありません。我々の病院に新たに患者さんが紹介されてきたときに最初に取りかかる治療は、多くの場合、薬物の減量になるのです。

　また、眠気やだるさが強くなると、楽しむ活動も難しくなり、自発的な活動が減少し、生活の質を著しく悪化させることにもなります。こうした副作用が強く出ている状況を「化学的拘束」と呼ぶことがありますが、これは物理的な身体拘束よりも、さらに権利の侵害の度合いの強い拘束でもあります。

　もちろんこれ以外の運動機能や消化機能など身体のあちこちに影響する副作用も、重大な問題です。特に薬物によって生じる身体の変化に気づきにくく、それを訴えることも苦手な強度行動障害のある人には慎重な投薬を行うことが望まれます。

## 2　生活を支える視点の大切さ

### ❶ 入院でできること、できないこと

　薬物療法と並んで、医療ができる支援としては「入院」があります。入院でできることとしては、まず先で述べた狭い意味での「疾患」の診断と治療があげられます。行動の問題の背景に身体疾患や一部の精神疾患がある場合、それを入院で治療できる場合があります。また「本物」の強度行動障害に対しては、症状の

急な変化などに対していったん本人や家族を保護すること、福祉や家族が対応する時間の余裕をつくることができる場合があります。多くの病院では、かなり状態の悪い人が突然入院してくることも想定してハードウェアや人員が用意されているため、こうした状況にも対応できます。また本人や家族の休息を目的とした、いわゆるレスパイト的な機能をもつ入院治療を行う場合もあります。

逆に入院でできないことの第一は、暮らしの場所の提供です。現在の医療制度、診療報酬の体系では、医療機関を生活の場所とすることはどんどん難しくなってきています。福祉施設としての性格を併せもつ一部の医療機関では生活の場所を提供できる場合もありますが、例外であると考えていただくのがよいでしょう。

また入院して薬物の調整をしてほしいと希望されることがありますが、入院での薬物の調整は極めて難しいのです。その理由としては、多くの医療機関では、入院中、必要に応じて隔離や身体拘束（福祉では両者をあわせて身体拘束と呼びますが、医療では用語を分けて使います）といった行動の制限を行うため、行動の観察の機会としては不十分になりやすく、薬物の効果の測定が困難になります。また一部の医療機関では強度行動障害のある人に対応しやすい低刺激な環境があらかじめ用意されているため、その環境に合わせて薬物を調整すると、刺激の多い普段の生活環境には合わなくなってしまうことがあります。薬物の調整は普段の生活の環境の中で効果と副作用を確かめながら行う、つまりは外来診療で行うものだと考えておくのがよいでしょう。

そして、ごく一部の医療機関を除くと、入院中に新しい行動のパターンを学ぶことは、想定されていません。多くの単科精神科病院や総合病院の精神科は、強度行動障害のある患者さんが入院することは多くはなく、その人たちに新しい行動のパターンを習得してもらうためのノウハウはもっていません。また病院の環境は活動の選択肢が少なく、新しいことを学ぶにはそもそも適していない場合が多いのです。

### ❷ 暮らす場所をなくさないために

強度行動障害の症状は入院によって改善することもありますが、悪化することもあります。入院して症状がよくなったら退院するというモデルは、強度行動障害の場合には適用できないことがしばしばあります。

入院の最大の副作用は、入院が長期化した後に帰るための住み慣れた場所が失われるということです。家庭から長期入院した場合には、家族の生活が徐々に変化し、その人がいない暮らしが当たり前になってくると、帰ることがどんどん難しくなったりします。福祉施設の場合でも、いつまでも空きベッドを抱えているわけにはいかないので、入院が長期化すると帰る場所がなくなってしまったりもします。

こうした最悪の展開を防ぐためには、1回の入院の期間は比較的短期間（数週間から1、2か月程度）に留め、そのかわり入院のニーズがなくなるまで、くり返し入院治療を行うというのはよい方法です。特に入院の前後や入院中などに(自立支援)協議会などを軸として医療従事者も参加する形で個別支援会議を開催し、情報の共有とサービス利用や環境の調整、新たな資源の動員、開発などを進めていくことで、地域での生活の継続を容易にすることができる場合があります。ケースによっては、定期的に入院によるレスパイトを行うことで、福祉事業所や家族が安定して長期間かかわっていけるペースをつくれることもあります。

地域での生活を少しでも長く続けていくために、入院を支えの一つにするというのが、バランスのよい考え方なのでしょう。

## 3　予防としてのかかわり

### ❶ 生涯を見通す医療の視点

医療領域の支援者のもつアドバンテージの一つは、複数のライフステージをまたいで、長期間かかわることが比較的容易であるということです。乳児期、幼児期からはじまって時には老年期まで、一つの医療機関がかかわりつづけたり、時には一人の医師がずっと診療を続けたりできることがあります。また医療機関ではカルテという形で情報が長期間蓄積されていくため、担当する医師などが変わっても、情報が引き継がれていきやすいという利点もあります。

このため、医療機関は比較的長期間の見通しを立てることが得意です。そして悪い状態が長く続き、投薬や入院が必要な人ほど、長く診療が継続されることになります。このため、経過が順調ではない事例に多数接することになる医療従事者には「こじれのパターン」が見えやすくなります。逆に順調なケースほど医療機関から離れていくことになるので、「成功のパターン」は見えにくくなったりもするのです。

医療従事者は“一か八か”で成功するための方法よりも、大失敗しない手堅い方法を好みます。このため医師の言うことばかり聞いていると大きな成功のチャンスを逃がしてしまうかもしれません。しかし医師の勧める方向と異なる道を選ぶ場合には、リスクヘッジのための方法はあわせて考えておくことはお勧めしたいところです。

### ❷ 予防のためのマインドセット

それでは、強度行動障害をできるだけ予防していくためには、どういう心構えで子どもに接していくとよいのでしょうか。残念ながらここには明確で学術的な根拠をもった予防法というのは、自分の知る限りはまだありません。

ただ経験則として「できること」より「やりたくなること」を増やすのを目指していく姿勢がよさそうだとはいえそうです。「歯磨きができる子ども」よりも「歯磨きがしたい子ども」になるために、どのように働きかけていけばよいかを考えるのは手堅い作戦です。子どもの行動の動機に常に注目しながら支援を進め、人生に必要なものごとができれば好きになれるように、せめて嫌いにならないように演出していくことは、目標にしておいて損はありません（日詰正文ら, 2022）。

## 4 医療と福祉の連携の重要性

### ❶ 医療を「使いこなす」ために

医療機関にはその人の生活の場面についての情報が不足しがちです。問題となる行動の機能を推測、確定して薬物を選んでいく場合にも、投与した薬物の効果を測定するためにも、生活の場からの情報が欠かせないものです。

多くの医療機関では診察の時間は限られているので、福祉事業所からの生のデータを活用することはなかなかできません。簡潔にサマライズした情報（1回の外来で、A4サイズで1～2枚程度が適当でしょうか）を医療機関に渡すことで診療の効率を上げることができます。効果があり安全に使える薬物を早く見つけ、素早く用量を調整するためにできることは多いのです。

現在困っている課題とその困り方、困り具合を明確にして、医療側と共有することが、医療をうまく使うコツだといえるでしょう。

また入院の場合にも、普段生活の場で行われている支援について情報を伝えることで、入院生活をより快適に過ごし、入院を嫌いにさせないことが期待できます。入院中の生活をいくらかでも地域での生活に近づけることで、入院中の行動観察の結果を地域で活かしやすくもなります。

### ❷ 不信を信頼に変えていくこと

強度行動障害をめぐっては、残念ながら、福祉と医療の間に相互不信が芽生えやすい構造があります。

医療側には、いったん薬物の投与を始めると、効果がないことがわかっても、強い副作用が出ていたとしても、薬物の減量に同意してもらえなくなるのではないかという疑いが生じてきます。また入院させると退院できなくなるのではないかというおそれもあります。

福祉側には「医療機関を受診すると薬漬けにされるのではないか」とか、逆に「薬を勝手に減らされてしまうのではないか」という疑念が生じます。また困っているのに入院を引き受けてもらえないという悲鳴が聞こえてくることもあります。

こうした不信の背景には、お互いの役割に関する誤解ややりとりされる情報の乏しさ、情報交換の効率の悪さなど、さまざまな要因がありそうです。

今後さらに福祉と医療が、個別のケースを通じて、さらには地域での研修や共同の事例検討などを通じて相互の理解と信頼を深めていくことができることに期待したいと思います。

引用・参考文献

- 行動障害児（者）研究会,飯田雅子「強度行動障害児者の行動改善および処遇のあり方に関する研究」財団法人キリン記念財団,1989年
- 社会福祉法人全日本手をつなぐ育成会「（平成24年度障害者総合福祉推進事業）強度行動障害の評価基準等に関する調査について」2013年, p.1・p.150
http://www.suginokokai.com/oshirase/pdf/report20130513.pdf（参照2023-07-31）
- 日詰正文・吉川徹・樋端佑樹編『対話から始める　脱！強度行動障害』日本評論社,2022年
- 独立行政法人国立病院機構肥前精神医療センター監,會田千重編『多職種チームで行う 強度行動障害のある人への医療的アプローチ』中央法規出版,2020年

# 第4節 スタッフの成長を支える
## ——チームプレイの基本



### 1 はじめに

私が勤務する「障害者支援施設 萩の杜」は、法人の“地域に生きる”という理念のもと、50名定員の知的障害者の入所施設として1999（平成11）年に開設しました。施設の特色は、「ユニットケア」と「職住分離」の2点です。開設時より「ユニットケア」では施設を四つに分けて、それぞれのユニットで12名から14名の小集団の暮らしを支援し、「職住分離」では生活する場所と日中活動をする場所を分けて、建物完結型の支援にならないように取り組んできました。また、スタッフは生活担当と日中活動担当の二つの体制に分かれて支援をしています。「ユニットケア」と「職住分離」に取り組んでいるため、スタッフ数は非常に多く、正職員、非常勤職員合わせて70名ほどが勤務しています。入所施設に限ったことではありませんが、生活に対するさまざまなニーズのある利用者の24時間、365日の途切れることのない生活を支えていくためには、施設スタッフだけでなく、多くの関係機関などとの連携が必要です。そのため、スタッフ個々ではなく、関係するスタッフや関係機関によるチームでの支援が必要不可欠となります。

### 2 現場でスタッフが抱える悩み

入所している利用者は、重度の知的障害を伴う自閉症の人が6割（ダウン症などの染色体異常や身体障害が併せてある人も含まれる）を占めており、私たちの支援不足から行動障害が現れている利用者も多くいます。建物の構造上、生活スペースの規模や個別に配慮した住環境づくりが難しく、支援を積み重ねてもなかなか行動の改善が難しい利用者もいます。加えて、ここ数年で利用者の高齢化が進み、強度行動障害の状態にある利用者と高齢化に伴い介護が必要になった利用者が同じユニットで生活しているという現状もあります。対人支援において、当然のことながら利用者の毎日が同じように進むことはありません。施設の環境的な課題もあるなかで、利用者の日々の変化に対して柔軟に対応しながら“利用者のより豊かな生活とは何か”ということを常に考え、日々の支援にあたっています。

毎年、萩の杜でも新人スタッフを迎えます。入職当初は「利用者がどんな暮らしをしているか」「利用者一人ひとりの障害特性を理解したうえで、スタッフとしてどのように支援していくか」などについて先輩から引き継ぎを受けながら学び、考えてもらうことが多くあります。

実際に一人で支援を行うときには、自身がどのように支援するべきかという悩みや、自分の対応により利用者の状態が変化すれば対応が間違っていたのではないか、他のスタッフならどのように対応していただろうかなどといった、さまざまな悩みが出てくると思います。また、スタッフが変わることは利用者にとっては大きな環境変化のため、ストレスがたまり、利用者・スタッフともお互いしんどい状態になってしまうこともあります。そうした悩みに対して、一人で抱え込まず、利用者にかかわるスタッフみんなの“チーム”で考えていくことが非常に重要だと考えています。

## 3 スタッフの悩みにどう向き合うか

日々の利用者とのかかわりのなかで、施設全体として改善しにくい環境的な課題も悩みの種になりますが、現場のスタッフ、それぞれに異なる悩みも生まれてきます。それでは、事業所あるいは先輩スタッフとして、経験の浅いスタッフや立場の違うスタッフの悩みにどう向き合っていけばよいのでしょうか。

私たちのような福祉職に限らず、どのような仕事も多くは人と人とのつながりを通じて成り立っています。特に福祉の現場の利用者支援は、自分以外の誰かと協力しあって、毎日誰かとコミュニケーションを図り、支援の方向性や具体的な方法を確認しながら行うことになります。そのため、まずは一緒に働く周りのスタッフとのコミュニケーションを大切にしていくことや、支援現場外では雑談も含めた質のよいコミュニケーションを図っていくことが、悩みを共有することの第一歩になるのでは、と考えます。

質のよいスタッフ間のコミュニケーションを図るためには、コミュニケーションの図りやすい（ほっとできる）雰囲気など、質のよい職場環境を整えることが必要です。これは利用者支援にも通じることですが、どんな場面においても、対人関係にはその人に合う配慮が必要だからです。時には「なにげない疑問だから、相談するのはどうだろう……」「これくらいのことは自分一人で考えなければいけないかな……」と思うスタッフがいるかもしれません。そういった迷いの積み重ねは、スタッフの悩みをさらに深くしてしまうことにつながります。そのため、利用者を中心とした支援チームとして、迷ったときには遠慮なくすぐに相談することができる環境を整え、迷ったときにどうしたらよいのかをあらかじめ決めておくことがチームにおいて質の高いコミュニケーションを促進させるための配慮となります。

萩の杜では、担当スタッフを固定した「ユニットケア」が基本ですが、入所施設の性質上、複数ユニットのスタッフが変則勤務体制により入れ替わることがあります。そうした支援体制は、さまざまな視点を支援に反映できるというメリットでもありますが、ある面では情報の共有がしにくいデメリットでもあるかもしれません。それを解消するためには、入れ替わりがあるスタッフ間の情報共有など、チームとして機能するためのデメリットを補う環境調整に組織的に取り組むことが重要になってきます。ユニットケアによる支援では、ユニットで生活する利用者に応じてそれぞれのユニットの特色があるので、他のユニットのスタッフとコミュニケーションを図ることで、違う視点から自分のユニットの支援の可能性が見えてくることもあります。変則勤務体制で、同一ユニットのスタッフと顔を合わせにくい場面も多くありますが、限られた時間でスタッフ間の質の高いコミュニケーションが図れるようにしています。具体的には、ユニットに関係なくスタッフ間でコミュニケーションを取るための時間を設けるなど、組織としてもそのための機会を大切にしています。

現場で特定のスタッフが困っているときには、個々のスタッフの悩みやそのスタッフの強みを活かすことに配慮した支援の組み立てをチームで行っています。支援現場で実際に起こりそうなことを想定しながら、悩んでいるスタッフに配慮した流れを組み立て、悩みを抱えたスタッフが自然に無理なく入っていき、支援の成功体験を積み上げていくことが理想だと思います。もちろん、支援は第一に利用者を中心に考えることが大前提となりますが、スタッフ個々の悩みに配慮した支援環境を調整していく視点は、利用者支援における“合理的配慮”と同様に、利用者を支援するチームづくりでも重要だと考えています。

## 4　スタッフが成長したいという気持ちにどう向き合うか

日々、悩みながら利用者と向き合うなかで、「なぜ利用者はこうした行動をしてしまうのだろう?」「どう支援したら、利用者は安心して生活できるのだろう?」と考えることが増えてくると思います。そうした、支援のなかでの“疑問”がでてくることはスタッフの成長にとってとても重要です。スタッフとしては「悩ましい」「どうしてよいかわからない」という気持ちかもしれませんが、その疑問の根底にあるのは、利用者支援をもっとよくしたいという気持ちの表れであり、それがスタッフの成長につながる第一歩だと思うからです。

スタッフはみんな利用者のより豊かな生活を願っていますが、まだまだ至らない自分たちの支援に対する課題を発見し、その課題解決のために学び、成長することで支援の質が上がります。そのプロセスを経て利用者のより豊かな生活につながることが、私自身が考えるこの仕事のやりがいの大きな要素です。そして、その豊かな生活の喜びを利用者と共有できることが、支援現場の何よりの魅力だと考えています。

スタッフが「成長したい」という気持ちに、組織としてチームでサポートしていくことがとても重要であると思います。所属する組織に理念やサポートの土台があること、先輩スタッフの振る舞いや利用者支援に取り組む姿勢などが揃っていることで、スタッフの成長が促されます。そして、個人が成長するためには、何よりチームの成長が不可欠となります。

自閉症の人の支援では、その人の強みを見つけて引き出す支援（リフレーミングの支援等）を意識して行うことが大切ですが、スタッフの強みを知ることも必要です。そのことは、スタッフの成長したい気持ちを引き出すことにもつながっていきます。スタッフそれぞれの得意なことを伸ばして、苦手なことをチームとして補うことが、そのチーム自体の成長にもつながっています。

先輩スタッフは日々、後輩スタッフとともに支援に取り組み、後輩スタッフの強みを引き出し、成長を支え、チームとしての成長を目指してほしいと思います。

個人ではなくチームとしての強みを目立たせ、チームとしての苦手な部分は、チームのメンバーそれぞれが補っていくこと、それが結果として個人が成長したい気持ちに向き合っていくことになります。チームプレイはチームの成長のみならず、個人の成長を支えていくことにもつながるのです。

## 5　スタッフの成長を支える具体的な取り組み

スタッフの成長を支える具体的な取り組みにおいて重要なことは、現場のスタッフ個々の努力だけでなく、事業所全体で“組織的に取り組み、組織として現場を下支えしていく”ことを継続していくことだと考えています。

萩の杜の特色としてあげた「ユニットケア」においては、メリットとして「自分の担当するユニットのことはよくわかる」が、デメリットとして「他のユニットについてはよくわからない」ということがあります。「職住分離」についても、利用者一人ひとりの支援にかかわるスタッフが多く、さまざまな情報の共有が難しいというデメリットがあげられます。そのため、ユニットの担当スタッフだけでなく、関係スタッフも含めたスタッフ間のコミュニケーションが重要です。

意図的に事業所全体の日々の申し送りや関係スタッフ間でのミーティング等を実施することで、それぞれのユニット担当スタッフや日中活動担当スタッフと顔を合わせることが多くなり、自然とスタッフ間のコミュニケーションを図れるようにしています。また、そうした積み重ねにより、生活担当スタッフと日中活動担当スタッフ間で、利用者一人ひとりの生活について１日を通して支援しているという意識をもつことができ、組織として支援に対する一体感も生まれてきます。

サービス管理責任者を中心に、生活担当スタッフと日中活動担当スタッフ、必要に応じて看護師や栄養士も含めて、日常的に利用者の情報を共有しながら、支援方針を立てています。そういった機会を通じて、新たな利用者の一面を知り、職員それぞれの価値観をすり合わせながらともに支援を考えていくことで、利用者支援がよりよいものにつながっていきます。それぞれの職員がおかれている立場にかかわらず、「萩の杜」という“1チーム”で利用者とかかわることができ、職員間のコミュニケーションを通じてお互いが刺激を受けながら、職員が成長していくことができるようになると考えています。

また、スタッフ間のコミュニケーションにもつながることですが、数年前より法人全体でも先輩スタッフと気軽に相談することができるよう“メンター制度”を取り入れています。メンター制度では、仕事の相談だけでなく、なにげないプライベートの話などをすることで、先輩スタッフ（メンター）が後輩スタッフ（メンティー）の興味・関心にふれ意外な一面を知ることができること、そして何よりもそうしたやりとりからお互いの関係性を深め、悩みごとがあれば気軽に相談しやすい職員間の関係性づくりをサポートしています。

組織全体のチームの輪を深めるために、スタッフの“事業所間交流”も法人全体で取り組んでいます。法人には入所施設だけでなく、グループホームや就労支援、相談支援、子どもの療育支援など、さまざまな事業所があります。希望するスタッフが他事業所に実習として入ることで、自分の事業所とは違う支援の専門性を知ることや異なる利用者の活動にふれて刺激を受けること、その事業所にしかない強みに気づくことを通して、お互いに学び、自分の事業所に持ち帰ることができるように取り組んでいます。

最近では、子どもの療育支援事業所への事業所間交流を経験したスタッフが、利用者のアセスメントの重要性をあらためて学んだことをきっかけに、実習後に入所施設でのアセスメントの取り組みを中心になって進めてくれています。逆に、子ども療育支援事業所からは、今後の療育支援に活かすことができるように成人期の利用者の生活が知りたいと要望が上がり、現在入所施設での実習受け入れの計画をしているところです。

また、外部のスーパーバイザーによるスーパーバイズを実施しており、ケース検討などから利用者の障害特性と環境との相互作用による課題、その解決のための支援のプロセスを学ぶということも開設当時から取り組んでいます。事業所だけでは行き詰まってしまう支援の悩みについて外部のスーパーバイザーの視点から必要な見立てやアドバイスをもらい、自分たちでは気づきにくい新たな視点で支援の可能性に気づくことができる機会になっています。また、スーパーバイザーを通して、他法人での取り組みについて学ぶこともできます。

## 6 おわりに

スタッフの成長が組織の成長となり、支援の質の向上につながっていくと考えます。そのためには、スタッフそれぞれが自身の成長に向けての長期目標や短期目標を掲げ、その目標達成のために事業所ができるサポートについて常に取り組んでいくことが重要だと思います。

スタッフには、失敗を恐れずに利用者支援を突き詰めていってほしいと願っています。一人のスタッフの力ではうまくいかないことも、チームとして試行錯誤することで、スタッフそれぞれの視点や強みを活かし、弱みを補いあって、よりよい支援が達成できると考えています。利用者の支援に対して、スタッフ個人ではなく、チームとしての取り組みのなかでスタッフ一人ひとりの強みを活かしていくことが、スタッフの成長につながると思います。

この本を読んでくれているみなさん、支援に悩むことがあったら、決して一人で抱え込まないでくださいね！

# 第5節 学びの大切さ——利用者の権利擁護と支援者ケアの関係

## 1 「知識」と「実践」

### ❶「利用者から学ぶ」が私の原点

新人の頃、先輩職員に支援の根拠を尋ねたとき、「ここは大学じゃない。大事なことは利用者とかかわって理解するように」と言われたことを今でも鮮明に覚えています。そのメッセージは、私にとって「知識より実践（が大事）」と聞こえました。それは、ある意味、私の原点となりました。まずはかかわってみる。かかわってみなければ何もわからない。今でもこれが、私の支援スタイルです。人から聞いた情報だけで判断しないこと。現場でしかわからない情報を自分の五感を使って集めること。ずっと変わらず続けてきました。

私が知的障害者施設の新人職員だったのは、90年代のことです。当時は利用者が事業所を選ぶという契約制度が始まる前、知的障害という言葉さえまだ法律用語になっていなかった時代です。入所施設には、今でいう「強度行動障害」の状態にある利用者もいれば、自分の人生経験を豊かに語る軽度の知的障害の利用者もいました。義務教育を修了したばかりの15歳から上は70代まで、年齢もさまざまでした。このような状況のなか、私は多くの利用者にさまざまなことを教わりました。

あるとき、午後の食堂で利用者のAさん（男性）の介助をしていたことがありました。Aさんは食事に大変時間がかかる人で、午後の活動が始まった後でも食べ終わらないことがよくありました。言葉は全くなく、食事も全介助に近いような状態です。その介助中、利用者のBさんが遠くからこちらに向かって走って来るのが見えました。何があったのかわかりませんが、イライラした顔つきで食堂に入ってきて、いきなり私の顔を殴りました。私は驚き、何もできずに呆然としていると、私に食事介助をされていた言葉のないAさんが私のもとに近づき、おそらく殴られてすでに赤か青になっていた顔をなでてくれたのです。新人だった私は、殴られたショックよりも、この言葉のない青年の内側に、あふれるばかりの人間性が宿っていることを感じとり、とても感動したことを覚えています。

こういう体験の一つひとつが、私にとっては利用者から学ぶ機会となりました。そして、頭だけで考えて、「知的障害者も同じ人間で同じように価値ある存在だ」などと覚えるのではなく、ただそう感じることをくり返し、気がつくと考える必要がないほど、納得している自分がいました。おそらく事業所全体にそのような雰囲気があったのでしょう。利用者から学ぶという機会が与えられたことは、とても幸運なことだったと思っています。

### ❷「利用者から学ぶ」だけでは守られなかった権利

その一方で、「知識より実践」という考え方で行き詰まることがあったのも事実です。利用者のなかには知的障害が重度で、自閉症の特性が強い人たちがたくさんいました。毎日パニックになる人や、自傷や他害といった行動が頻繁に起きる人もいました。このような利用者にも私は「知識より実践」でかかわりました。知的障害が重度の人のなかには、さきほどの青年のように、言葉はなくてもこちらが言葉で話しかけることで何かが通じ合うようになり、信頼関係を構築できる人もいます。その成功経験を、そのまま応用したくなるのは、当然の成り行きだったかもしれません。

たとえ相手が言葉を理解できなくても、言葉がけをすることでお互いの信頼関係をつくるという原則は、現場全体に広く浸透していたようにも思います。言葉がけを減らすということは、利用者を大事にしていない何よりの表れだと感じていたかもしれません。結果はもちろんうまくはいきませんでした。なぜなら特性に合っていなかったからです。「おはよう」と話しかけただけで、噛みつかれたこともあります。かかわればかかわるほど激しい行動が増えていく現状のなかで、ただ途方に暮れていたようにも思います。このような文脈のなかで、利用者が危険な場所で動かなくなれば安全を確保するために力ずくで引きずるしかなくなったり、激しい自傷が始まればけがをしないように身体を抑えつけざるをえなくなったり、他の誰かに噛みつこうとしている場面に遭遇すれば両者の間に入って力で止めるようなことを、支援と称して対応せざるをえなくなっていきました。そうしなければ、彼らの安全や命や名誉を守れないと心の底から信じていたのです。実際に、噛みつかれたり、叩かれたりしながら、必死で利用者から学ぼうと努力もしていましたが、その体験だけでは明らかに限界でした。「知識より実践」ではなく、「実践のためには知識が必要」だったのです。

## 2 知識・技術が不足することで起きる人権侵害

### ❶「利用者を守る」という視点と「利用者の視点」という視点

どんなに崇高な理念があっても、そこに適切な支援技術がなければ、最後は力に頼らなければ相手の命を守ることができなくなる、というのがこの仕事のとても重要なポイントです。なぜ、この場面でパニックになるのか、なぜ、自傷しなければならないのか、そういったことがわからなければ、常に起きた事態に対応することしかできません。起きてしまった後での対応は、けがをしないとか、物を壊さないとか、被害が最小限で終わるようにという視点が優先されてしまいます。強度行動障害の状態が出やすい人の権利を守るためには、強度行動障害の状態になる前の支援が欠かせませんが、強度行動障害の状態を前提にして「利用者を守る」ための議論をすると論点はずれ、話はなかなかかみ合いません。「行動障害」で訴えていることに耳を傾けない限り、本当の意味で利用者の権利を守る支援はできないのです。なぜなら、そこには「利用者の視点」から考えるという視点が欠けているからです。

支援者は外側から状態像を見て、このままでは危険と判断して対応しますが、そのとき対応されている人は何を体験しているのでしょうか。そもそも、強度行動障害の状態で訴えざるをえない人は、どんな世界に住んでいるのでしょうか。もし、自分が我を失って自分で自分を傷つけるような行動をとるとすれば、それはどんな場面だろう。そしてそんな状態になっているときに、誰だかわからない人に力ずくで引きずられたり、手を抑えつけられたりしたら、どんな気持ちになるだろうか。

もちろん、実際にその状態を体験したわけではないので、想像には限界があります。それでも少し考えただけで、どれほどの困難を抱えているかは理解できるはずです。強度行動障害の状態になるということ自体が、すでに誰も何も助けになっていないという過酷な状況のあらわれだという視点がなければ、権利を守っているつもりで、権利を侵害してしまうことさえあるのです。

### ❷ 利用者理解と特性理解の関係

私たちは完全に相手のことを理解することはできません。しかし、ある程度の精度をもって理解できるようにならないと、相手を助けることもできません。強度行動障害の状態像で助けを求めている相手を正しく理解するためには、ただかかわりつづけているだけでは難しいというのが実感です。そこには知識の助けが必要です。

障害特性を学ぶことは、相手を理解するのに欠かせません。けがをするような激しい行動や、周囲の人が困難を感じるような生活様式をもつことは、性格とか好みとかで説明するには無理があります。そこには必ず理解が難しい、障害の特性が要因として絡んでいます。もし、助けを求めている相手を、本気で助けたいと思うなら、相手の状態像を外側から見ているだけでは不十分です。その人がどんな世界に住んでいて、どんなことに困難を感じていて、何が助けになり、何が助けにならないかを知る必要があるのです。そのためには知識が必要となります。私たちは学ぶことを選択肢から外してはいけないのだと思います。

## 3 対人援助職の仕事道具とそのメンテナンス

### ❶ 私たちの仕事は何労働？

このように考えると、私たちの仕事は他者の人生や命に直接的にかかわるもので、とても責任が重大です。食事や排せつや入浴などの介助をすることもあれば、支援計画を作ったり会議で支援方法を話し合ったりすることもあります。時には、相手の言葉に傷つくこともあります。また、他害のターゲットになって肉体的に傷つくこともあります。

「私たちの仕事はいったい何労働なのだろう?」と考えると、肉体労働であり、知的労働であり、さらには感情労働であるということがわかります。

対人援助職とは、多くの場合、自分を仕事道具として使う職業です。体力も使うし、頭をフルに回転させることもあるし、感情を高ぶらせたり、強くコントロールしたりして、相手に向き合うこともよくあります。自分の情報を開示することも技術の一つですし、裏表なく本気でかかわることでしか応じてもらえない場面にも遭遇します。無防備に利用者の困難な状況を理解しようとすると、自分の心に負担がかかり、支援どころか自分が病んでしまうことがあってもおかしくありません。

なかでもこの「感情労働」という側面は、自覚せずに酷使することは大変危険です。私たちは自分たちが自分の感情も道具として使いながら仕事をしているということを自覚する必要がありますし、感情を仕事道具としてメンテナンスする必要だってあるのです。

## ❷ 感情労働を助ける知的労働

感情は自然にわいてくるものなので、自分でコントロールすることはとても難しく、感情を使って働くということは常に危険が伴います。自分がどのようなことにどのような感情を抱くのか、ある程度把握していないと、無意識のうちに利用者に対して嫌悪感や必要以上の好意を覚えて支援の行動に影響してしまうこともあります。

また、ストレスが高いとストレス反応としてネガティブな感情が強くなることもあれば、ネガティブな感情がストレスの原因となり、さらに事態を悪くすることもあります。

たとえば、利用者に自信がないままかかわっているときに、自分が介助するときだけ他害が出るということがあるとします。すると、そのことがストレスになり､「自分はその利用者に嫌われているのではないか……」「自分の介助が下手だからこうなるのではないか……」といった気持ちになるかもしれません。こうなると、介助のたびにネガティブな感情をコントロールしなければならなくなり、どんどんその時間が苦痛になっていきます。知識がなければ、嫌われているとか下手だとかいうような一般的な理由しか思いつかず、私を嫌う相手が悪いという他罰的考えや、介助が下手な自分が悪いという自罰的な考えに心がジャックされ（乗っ取られ）てしまうこともあります。

そこに知識があれば､「何か誤って学習してしまったかな？」とか､「もしかすると私の服の柔軟剤のにおいのせい？」などと第三の考えが生まれ、冷静なかかわりを取り戻すことができるかもしれません。知識には感情を助ける側面があります。感情に打ちのめされないためにも、学ぶことが欠かせません。

### ❸ 特性理解がチームワークを助ける

先ほどの例のように、自分のときだけうまくいかないという体験は思った以上に心の傷になることもあります。そんなときに、チームの誰かが「みんなうまくいっているのにあなただけうまくいかないのは、あなたのやり方に問題がある」などと言い出した日には、心の傷もさらに深まり、ストレスも大きくなることでしょう。もしチームがよく学んでいて､「人によって介助のしかたがバラバラなのが影響しているのでは？」とか､「人と活動を結びつけて学習してしまっているのでは？」といった意見が出るなら、事態は大きく変わることもあるでしょう。個人のかかわり方のせいではなく、チームでかかわり方を共有していなかったせいかもしれない。そんな考え方ができるチームであれば、失敗もまた自分だけの責任ではなく、ましてや利用者のせいにする必要もなくなります。本当に自分の問題であったとしても、反省もしやすくなります。

チームがどんなに仲のよい集団であっても、支援がうまくいかず、原因も支援方法もわからないことが続けば、その状態に耐えかねて誰かのせいにしたくなることが出てきてもおかしくはありません。学ぶことは、チームワークのためにも欠かせないのです。

## 4 学びが活かされる前提としての職場環境

### ❶ 自分にも大切にされる権利があるという実感

福祉の仕事は、どんな人にも人として大切にされる権利がある、どんな人にも幸せになる権利があるということを、具体化する仕事だととらえることができます。そして、この考え方で重要なのは「どんな人にも」という部分で、ここに支援者自身も含まれているという実感が、とても大切です。もし仮に「利用者の権利は絶対に守れ！　職員は権利なんか絶対に主張するな！」という考えの職場であったら、職員はいきいきと働くことができるでしょうか?　この節の冒頭に、知的障害のある人も人として価値があると知識で理解するのではなく、体験することで納得できたことが私の幸運だったと書きましたが、同じように私たちも社会に生きる一人の人間として、大切にされるべき存在なのだと実感することが、他の誰かを大切にしなければならない根拠になっていくように思います。自分たちは社会から全く大切に扱われず、上司にも同僚にも大事にされなかったら、「どんな人にも」はただの理想で、実際には実現できないものであると確信してしまうかもしれません。私たちは職員として職場に集まっただけですから、育った環境や受けた教育など、背景は実にさまざまで、人によってはあまり大切にされずに生きてきた人もいるでしょう。それでも、もし、共に働く職場がお互いを大事にしあう職場であれば、どんな人にも大切される権利があるということを体験し、実感し、納得する機会は与えられるはずです。

### ❷ 大切にされる権利を享受できる職場である意味

職場の文化を変えることは一人ではできません。ましてや、ただの雇われている一職員の力では限界もあるでしょう。しかし、本気で福祉を実現するために仕事がしたいと思うなら、自分の状況を福祉的な状況にしていくこともまた、福祉を実現する仕事になると思います。運営する側にいる人であれば、職員が利用者を大事にするのと同じように、職員を大事にすることが、福祉実践に直結します。

支援者が適切にケアされる職場は、支援者が自分を大事にすることを手助けしている職場なのだと思います。自分という仕事道具をきちんとメンテナンスしていることになります。人として大切にされる権利を享受できる職場は、必ず利用者の権利を大切にする集団となるはずです。このように、学びが生きるためには、前提として福祉的な素地が必要で、援助職のみならず管理職なども含め、事業所全体が福祉について学ぶ必要があります。

### 5　学びの機会は、権利擁護の必要条件

時折、理念さえしっかりしていれば知識・技術は必要ないとか、逆に知識・技術さえあれば理念のようなものは暑苦しいといった考えにふれることがあります。しかし、人が人を支援するという仕事には、「理念」も「知識」も「技術」も必要です。

強度行動障害の状態にある人たちは、まさに体を張って、命がけで助けを求めている人たちです。だからこそ、なぜこの人たちにかかわるのか、なぜこの人たちが幸せになることを応援するのか、といった理念（価値）が重要になり、そのためにどのような理解（知識）と、どのような支援（技術）が必要なのかを、謙虚に考えなければなりません。

私たちは常に未熟で、完全に正しい支援を提供することは不可能です。だからこそ、せめて謙虚に学びたいのです。自分を大切にするためにも、利用者を大切にするためにも、学びの機会は必要です。学びの機会は誰かの権利を守るための必要条件なのだと思います。

# 第6節 みんなで取り組む強度行動障害支援
## ——地域・組織的アプローチの重要性

### 1 これからの強度行動障害のある人への支援

強度行動障害のある人たちは全国でどのくらいいるのでしょうか。

全国の障害福祉サービス・障害児支援において、強度行動障害に関連する支援や加算の対象となっている人たちの人数は、2022（令和４）年10月時点でのべ7万8579人となっています。この数を見て、みなさんはどのように思われるでしょう。多くの人たちは「こんなにたくさん強度行動障害のある人たちがいるのか」と感じるのではないでしょうか。

この基準の一つとなっている「行動関連項目10点以上」(p.10参照。障害支援区分の認定調査を行う際に行動面での支援度を確認する項目で最高は24点となります）という範囲には、私たちが支援していくうえで、配慮が必要であるものの、普段の支援ではそれほど困難さを感じない人たちも含まれているように思います。

では、私たちが普段の支援で大きな困難さを感じたり、支援をしているときに危険を感じたり、常に緊張しながら支援をしているような人たちはどのくらいいるのでしょうか。

まだ全国的な調査がなされていないので正確な人数はわかりませんが、以前の調査では全国で8000人ぐらいと推計されたものがありました。この人数を各自治体の規模を考えながら推測すると、みなさんの地域にいる人たちのだいたいの人数がわかります。やはり、決して少ない人数ではないと思うのではないでしょうか。

みなさんが支援をしている地域にもたくさんの強度行動障害のある人たちがいて、日々、本人や家族も苦労しながら生活をしていて、支援者のみなさんもそれぞれの現場でその人たちの暮らしを支えることに奮闘している姿が想像できます。

最近は強度行動障害のある人たちを支えていこうとする動きが広がってきましたが、これまで強度行動障害のある人たちを支えていたのは、一部の熱意のある支援者であったり、施設や医療機関でした。そして、どこにも受け入れてもらえない本人を、多くは家族が孤立しながら支えていました。

そのことは、強度行動障害が現れるメカニズムがよくわかっていなかったことも大きな要因の一つだと思います。しかし、現在はこれまでの実践や研究により、強度行動障害に自閉スペクトラム症（以下、自閉症）が関連していることが多いとわかってきました。そして、自閉症への標準的な支援が確立されてきたことにより、強度行動障害のある人たちの困りごとや現場での支援方法が明らかになってきました。

各都道府県で行われるようになった強度行動障害支援者養成研修は、現在わかっている強度行動障害のある人たちへの標準的な支援方法を、現場のみなさんに伝えるために整理して組み立てられたものです。

さらに、強度行動障害のある人たちを継続的に、より質の高い生活を目指して支えていくためには、一部の支援者や関係機関で支えるのではなく、地域の支援者や関係機関が標準的な支援方法を共通理解しながら協力して支えていくことが必要であることがわかってきました。そして、実際に各地で強度行動障害のある人たちの支援を、組織として、地域として支えていこうとする動きが進んでいます。

最終節では、これまで強度行動障害支援を牽引してきた3人に、①組織の取り組み、②人材育成、③地域での支援体制をテーマに、それぞれ解説してもらいます。これからの強度行動障害のある人への支援は、組織や地域の課題として、みんなで取り組んでいくことが大切であるということを多くの人に知ってほしいと思います。

# 1 組織の取り組みについて
## ──松上利男（社会福祉法人北摂杉の子会、一般社団法人全日本自閉症支援者協会）

### 組織的取り組み・マネジメントのあり方の重要性

厚生労働省から毎年障害者福祉施設従事者等による障害者虐待についての調査報告がなされています。2021（令和3）年度の調査では、被虐待者の36.2%が「行動障害がある者」と報告されています（厚生労働省「令和3年度『障害者虐待の防止、障害者の養護者に対する支援等に関する法律』に基づく対応状況等に関する調査結果報告」）。

そして、その虐待の主な原因については、「知識・技術の不足」「障害者に対する差別偏見」「ストレスや感情コントロールの失敗」があげられています。これらの原因解決について、組織的取り組み・マネジメントのあり方が重要であることが示唆されています。そこで、私ども法人の組織的取り組みを通して、そのあり方や課題について考えたいと思います。

組織的取り組みの第一は、組織として、進むべき方向性を示すことにあります。すなわち、「理念」「使命」を掲げ、その「理念」「使命」に基づく組織としての5年後、10年後のあるべき姿「ビジョン」を示すことです。その「理念」と「使命」を組織運営や利用者支援に落とし込むことが重要です。「理念」は、それぞれの組織が「なぜ存在するのか」を示すものです。また「理念」は、その意味がわかりやすく短い表現にすることも重要です。私ども法人の理念は、「地域に生きる」です。理念に基づく利用者支援の基本は、施設や事業所のなかで、すべての支援が完結するのではなく、その支援は、地域社会とのつながりのなかで行うことが求められます。「使命」は、組織として「何を成すべきか」ということです。私ども法人の使命は、「社会と人の変革、新しい価値の創造」「社会・世界に必要とされる人材の育成」です。法人として、成すべきことの一つが、障害のある人が地域社会で尊厳をもって暮らしつづけるために、「社会のさまざまな仕組みを変え、地域の方々の理解を進めること」「支援サービスが届かない人に対して、必要とされるサービスを創造すること」です。二つ目が、「社会・世界の障害のある人・家族・社会が求めている支援サービスを提供できる人材の育成」です。

しかし、いかにすばらしい「理念」や「使命」が掲げられていても、それを実現するのは、組織で働く人たちです。ですから、働く人たちが組織の「理念」「使命」にベクトルを合わせて、「協働して働く組織づくり」や「人材（財）育成」が重要になります。



## 人材の成長と組織の成長

私ども法人では、多くの「行動的課題（強度行動障害）」のある人を支援する支援者養成のために、他法人・事業所へのコンサルタントの派遣事業を行っています。この実践を通して、「人材（財）の成長が組織の成長につながる」ことを実感しています。コンサルテーションを通して、人材育成に成果を上げている組織の共通点があります。１点目は、組織のトップが多くの「行動的課題」のある利用者支援を担う人材の育成について、「組織をあげて取り組む」という組織としての使命・意思を職員に示していることです。２点目は、組織のなかで人材育成を担う「コアメンバー（中核的人材）の役割を組織的に明確」にしていることです。３点目は、「さまざまな組織的課題を解決しようとする強い意思に基づいた行動」を行っていることです。４点目は、「職員の働きを下支えする組織文化を醸成しようとする姿勢」があることです。

人材育成には、まず組織マネジメントを担うトップの役割が重要となります。

## 行動的課題のある利用者支援を担う支援者に求められること

次に多くの「行動的課題」のある利用者支援を直接担う支援者に求められることについて述べていきたいと思います。

組織的取り組みについて支援者に求められることの１点目は、「障害特性の理解と合理的配慮」に基づく支援です。はじめに示したように、虐待の主な原因については、「知識・技術の不足」があげられています。「行動的課題」のある人の多くが重い知的障害を伴う自閉スペクトラム症（以下、自閉症）のある人です。「行動障害」は、自閉症のある人の障害特性ではなく、「障害特性に基づく支援者も含めた適切な環境の提供（合理的配慮）」がなされなかった結果として誘発されたものです。多くの「行動的課題」のある人の支援にあたって、「行動障害」は、支援者の支援や本人を取り巻く環境の側の問題であるとの共通認識を支援者間でもつことが求められます。

2点目は、チームとして支援に取り組むことです。合理的配慮の提供には、障害特性の理解が必要となります。「強度行動障害支援者養成研修（国研修）」では、自閉症の特性理解と支援について学ぶことができます。そこで学んだ自閉症の特性理解に基づいた「標準的支援」を支援者がチームとして、支援にあたることが求められます。支援にあたっては、「行動的課題」のある人の一つひとつの行動の背景にある要因（障害特性）の見立てを行い、解決に向けたアプローチを「統一して行う」ことが極めて重要です。せっかく支援者間で行動の背景にある要因の分析・支援の見立てに基づいた支援を行っていても、支援者がバラバラなアプローチをしていては分析した要因の検証ができません。その結果、利用者に混乱を与え、新たな「行動的課題」を誘発させることにもつながります。

3点目は、アセスメント力向上にむけた組織的取り組みです。対人援助の基本の一つは、「クライアントに始まりクライアントに終わる」ことだといえます。アセスメントは、利用者理解・支援の始まりです。2021（令和3）年度末現在、すでに約10万人の支援者が「強度行動障害支援者養成研修」を受講しましたが、支援現場での支援が積み上がりません。その要因の大きな課題の一つが支援現場における「アセスメント力の向上」にあると推測しています。

支援現場で引き続きチームとして、アセスメント力の向上にむけた取り組みを進めていただくことを願っています。

最後に、支援者のみなさんにエールを送りたいと思います。

多くの「行動的課題」のある人への支援には、エネルギーが必要です。悩み、ストレスが溜まります。ですから、チームとしての取り組み、組織的取り組みが求められます。日々の支援を通して、気づきや学びが多くあります。それが支援者としての成長につながり、組織としての成長につながります。

どうか引き続き、支援者として、「説明のできる支援」に取り組んでください。

## 2 人材育成について

——日詰正文（独立行政法人国立重度知的障害者総合施設のぞみの園）

### 強度行動障害支援者養成研修の広がり

国立のぞみの園では、2013（平成25）年から強度行動障害支援者養成研修の指導者研修を行っています。読者もよくご存じのように、この研修では、「自閉症の特性がある人の特性を理解して、チームで一貫性をもった対応をしましょう」という基本コンセプトを学ぶ研修となっています。その後、各都道府県で実施するこの研修受講が障害福祉サービスや障害児支援の報酬加算要件とリンクしたことから、受講者が全国中で増えました。

しかし、研修で学んだことが支援現場で活かせていないという声が、あちこちから寄せられたことを受けて、2018（平成30）年から厚生労働省の担当官や本書の編著者の福島さんや西田さんらとともに、上記研修カリキュラムの見直しや追加すべき研修について検討を継続してきました。たとえば、都道府県で研修を行う際には、指導者研修の講義や演習の順番ではなく、講師の都合に合わせて順番を入れ替えた結果、知識の吸収が断片的になっているといった状況をふまえて、順番を崩さずにストーリーとして頭に入りやすい形にカリキュラムの取捨選択や時間配分の変更を行いました。また、臨場感をもって演習に取り組むことができるよう、動画教材を作成するなど、基本コンセプトがわかりやすくすることに焦点を当てた手当てを行いました。

### いくつかの壁

強度行動障害支援者養成研修の内容が「よくわかった」受講者にとって次の課題は、すでにでき上がった今の職場に新しい知識をどうやって持ち込んだらよいのか、さまざまな壁をどう乗り越えたらよいのか、そのプロセスを知りたいといったことでした。

たとえば、壁には以下のようなものがあります。

**「変化への抵抗」**：個々の利用者の自閉症の特性、一般的な対応策を整理し、職場に改善案の提案をすることができても、職場には職場で変更できない（と考えられている）日課、役割、場所などの制約があり、提案がすんなり受け入れられるわけではない。

「**達成感の欠落**」：所定のアセスメントや支援手順書の作成を行うことができても、状態が改善しない時間が長引くにつれ、せっかく一緒に取り組みにかかわることができたチームのモチベーションが保てず、協力への無関心や不参加が恒常化する。

「**さまざまな負担感**」：職員や他の利用者のけがやストレス、建物や物品の破損などの費用の負担感などから、強度行動障害の状態にある人への支援を継続できない雰囲気が職場に生まれる。

### ■ アドバイザーや地域の仲間

2019（平成31）年から全日本自閉症支援者協会、2020（令和元）年から国立のぞみの園などが行った調査では、次の二つのポイントをふまえた取り組みが必要であることがわかりました。

**1　外部からアドバイザーがサポートに入るようにすること**

理由の一つは、どうしても職場内の人材だけでは、職場内にでき上がった制約を変更することが難しいためです。理由のもう一つは、アドバイザーのアイデアの多さや状態改善までのスピード感を実体験することが、利用者の暮らしを大事にした支援を継続するためのモチベーションにつながると考えられるからです。

自分の拙い経験ですが、「家に早く帰りたい」というメッセージを出しつづけている利用者への対応策として、「慣れたら落ち着くだろう」といった誤った仮説を立てていたことがありました。しかし、落ち着く気配がなく、次第に身体拘束の案も出てきた頃に出会ったアドバイザーに「帰宅して何がしたいのか」、「今ここでも、やりたいことは何か」を早急に確認すべきとの指摘を受けて対応したところ、すぐに激しい行動が減少しました。利用者の立場にたてば、いつまでも誤った対応を続けられることが大きなストレスになることを頭で理解しながらも、放置していたことを反省しています。

**2　事業所の壁を越えた地域の仲間**（他の事業所、家族、教育や医療、自治体など）**とのつながり育て**

具体的には、役立つ情報の蓄積（ICF（国際生活機能分類）のような包括的な記録が望ましい）や提供、一時的に役割を肩代わり（集中的支援の役割も）してくれる事業所や地域内外の仲間の存在のことを「つながり」としてとらえます。手段としては、現在広がりつつあるICTを活用し、時間や場所を制限しない相談や、分野を越えても理解することができる記録の蓄積や引き継ぎといったことが考えられます。また、改築や環境整備についてのアイデアの蓄積や公的な補助についての情報交換を行うことも有益です。

ここでも自分の経験の話ですが、利用者が自身の眼を頻繁に強く叩く自傷行動について、「苦手な利用者がいるときのイライラ感が原因ではないか」と誤った仮説を立てていたことがありました。しかし、家や病院、移動支援のボランティアと24時間の「記録」を蓄積したところ、私の仮説は間違っていたことが明確になり、医療機関に記録を持参して専門医の判断を仰いだところ、今でいう花粉症のタイプのアレルギーのかゆみや痛みによるものだということがわかりました。自分一人の力ではたどりつけなかった自傷の原因でした。

### 「強度行動障害を有する者の地域支援体制に関する検討会」の中核的人材の育成

厚生労働省が2022（令和４）年度に行った「強度行動障害を有する者の地域支援体制に関する検討会」の報告書では、事業所の中で、上記のようなアドバイザーや地域の仲間とのつながりの窓口となって、利用者のために壁を乗り越えていける存在を、「中核的人材」と位置づけています。

この中核的人材の育成は、強度行動障害支援者養成研修のような座学中心ではなく、アドバイザーや地域の仲間と一緒になって、いくつもの強度行動障害者への対応を、スピード感をもって・客観的な記録を根拠にして取り組んでいく実践型の経験を積み重ねることが柱になると考えています。

## ❸ 地域での支援体制について

——山根和史（厚生労働省社会・援護局障害保健福祉部障害福祉課）

### ■ 強度行動障害のある人への支援——国の施策

強度行動障害を有する者に関しては、国の施策としても、行動援護の創設や、報酬上の評価の充実、強度行動障害支援者養成研修の実施等の取り組みを進めてきました。しかし、まだまだ現状、その特性に適した環境調整などの支援が現場で十分に届けられたとはいえず、本人はもちろんのこと、家族、また支援者にとっても苦しい状況があると考えられます。

そうした現状から、厚生労働省において2022（令和４）年度に「強度行動障害を有する者の地域支援体制に関する検討会」を開催し、支援現場の実践や家族の話など実情をふまえ、論点への対応方策とともに、地域における支援体制の在り方の全体像とその構築に向けた今後の道筋について、有識者に議論いただき取りまとめた報告書を公表しています。

報告書では、地域における支援体制の在り方として、以下の点がまとめられています。

（1）支援人材のさらなる専門性の向上
（2）支援ニーズの把握と相談支援やサービス等に係る調整機能の在り方
（3）日常的な支援体制の整備と支援や受入の拡充方策
（4）状態が悪化した者に対する「集中的支援」の在り方
（5）こども期からの予防的支援・教育との連携
（6）医療との連携体制の構築
（7）まとめ－強度行動障害を有する者の地域における支援体制の構築に向けて

本項では、（7）のまとめの部分を抜粋してその内容を解説していきたいと思います。

### ■「強度行動障害を有する者の地域支援体制に関する検討会」報告書の概要

報告書では、強度行動障害を有する者に対する基本的な考え方として、障害特性をふまえて機能的なアセスメントを行い、強度行動障害を引き起こしている環境要因を調整することを標準に、行動上の課題を引き起こさないための予防的な観点も含めて標準的な支援を行うことが必要であり、家族も含めて支援を行うこととなっています。

また、強度行動障害を有する者を特定の事業所、特定の支援者だけで支えるには限界があり、地域のなかで複数の事業所、関係機関が連携して支援を行う体制を構築していくことが重要になってきます。

実際に支援を提供する事業所においては、チーム支援の要となり、適切な支援の実施をマネジメントする中核的人材を中心に、強度行動障害支援者養成研修（基礎研修・実践研修）の修了者を含めたチームによる支援を進めていくことが必要です。また、地域において、高い専門性を有する広域的支援人材等が事業所へのコンサルテーション等による指導・助言等を行い、事業所の支援力の向上や集中的支援による困難事案への対応が行われる体制を整備していくなど、事業所をサポートする体制を構築することが重要です。

地域全体に目を向けると、相談支援事業所・基幹相談支援センターによるコーディネートのもと、各障害福祉サービス事業所がそれぞれの役割を果たしながら連携して支援にあたる体制を整備していくことが必要であり、地域生活支援拠点等による緊急時の対応や、体験利用の体制についても整備を進めていくことも必要です。また、強度行動障害の状態は一時的なものでなく、こども期から高齢期に至るまで、不適切なかかわりによって、どの時期にでも引き起こされる可能性があります。そのため本人や家族の情報を適切に引き継ぎながら、ライフステージごとに切れ目なく支援が提供される体制の整備が求められます。

### 支援体制の構築 ――市町村・都道府県・国

こうした支援体制の構築のために、国や都道府県、市町村の役割も欠かせません。

市町村は一番身近な自治体として地域の実情に応じて近隣市町村と連携・協働して（この場合は圏域で）、地域の強度行動障害を有する者とその支援ニーズを把握し、それをふまえて地域における支援体制の整備を計画的に進めていくことが求められています。そのため、基幹相談支援センターや地域生活支援拠点等の整備、障害福祉サービス事業所の確保を進め、それぞれが連携して支援にあたる体制の整備を進めることが必要です。また、教育や母子保健・子育て支援分野の関係機関との連携体制を（自立支援）協議会や要保護児童対策地域協議会等を活用しつつ、また、障害福祉計画や事業者指定（指定更新）に関する意見・条件の仕組みを活用した地域の事業者の参画に向けた取り組み等により構築していくことが重要です。

都道府県には、専門的・広域的な見地からの支援体制の整備や市町村支援を計画的に進めることが求められます。特に、都道府県が設置する発達障害者支援センター等を活用しながら、高い専門性を有する広域的支援人材等を配置し、事業所の支援力の向上や集中的支援による困難事案への対応が行われる体制の整備を進めていくことが必要です。また、医療分野の関係機関との連携体制の構築も重要な視点です。さらに強度行動障害支援者養成研修を実施していることから、研修と連動した人材育成を構築していくことで、市町村の支援体制整備をサポートする役割が求められます。

国には、中核的人材・広域的支援人材の育成を進めるとともに、市町村や都道府県による地域の支援体制整備を財政面・ノウハウ面から支援していくことが求められることや、強度行動障害を有する者の支援の充実に向けて関連情報の収集や調査研究を進めるとともに、これらの情報や成果を広く関係者と共有することが求められます。

前出の支援体制を整備するなかで、強度行動障害を有する者が強度行動障害の状態を起こさなくてもよい支援を日常的に行うことが重要であり、支援者や家族、教育等の生活にかかわる関係者が、標準的な支援の知識を共有し、そうした共通した支援の考え方を地域にひろげていくことが重要です。

以上、報告書の内容を簡単にまとめましたが、報告書の詳細は厚生労働省のホームページに公開されていますので、そちらを参照してください。

## まとめ

強度行動障害を有する者の支援については、一定の経験やスキルがあっても対応が難しい事例などもあり、支援者のみなさんも対応が難しく感じる状況もあろうかと思います。特定の支援者や事業所だけで対応するのではなく、地域で支えていくことが重要になります。今後はこうした地域で支える支援体制を、本報告書で示された内容を参考に、市町村、都道府県、国もそれぞれの役割に合わせて整備を進めていきます。

支援者のみなさんと自治体が力を合わせながら強度行動障害を予防することや、強度行動障害があっても豊かに暮らしていける社会をつくっていければと思います。



## 2 おわりに

強度行動障害のある人たちを支えることは、難しさや大変さも多いと思いますが、社会で困っている人を支えていくという福祉の本質的な取り組みでもあります。そして、本人とのかかわりを通して、支援者として、人として、うれしさや喜びをストレートに感じることも多くあります。

いま、強度行動障害のある人たちを支えようとしている事業所が少しずつ増えています。みなさんの地域でもきっと同じように強度行動障害のある人たちを苦労しながら支えている仲間がいるはずです。そして、もう少し広い範囲の圏域や都道府県、そして全国にも同じような仲間がいます。

ぜひ、そのような人たちとつながって、支援の実践も、精神的な大変さも、本人たちと一緒にいる喜びも、お互いに共感しながら、強度行動障害のある人たちを支えていってほしいと思います。

参考文献

- 厚生労働省「強度行動障害を有する者の地域支援体制に関する検討会　報告書」2023年 https://www.mhlw.go.jp/stf/newpage_32365.html（参照2023-07-31）
- 独立行政法人国立重度知的障害者総合施設のぞみの園「（平成25年度障害者総合福祉推進事業）強度行動障害支援初任者養成研修プログラム及びテキストの開発について　報告書」2014年

## 執筆者一覧（五十音順）

### 編者

**西田 武志**（にしだ・たけし）

社会福祉法人南山城学園　障害者支援施設　翼　施設長
京都府に本拠を置く法人。京都府城陽市/宇治市/京都市伏見区・中京区/大阪府三島郡島本町に障害/高齢/認定こども園・保育の事業所を置く。障害者支援施設 翼 は重度の知的障害と自閉症を併せもち、強度行動障害の状態にある成人の利用者の生活の場。強度行動障害支援者養成研修（指導者研修）ではファシリテーターとして京都府の同研修では講師として支援者の育成に携わっている。

**福島龍三郎**（ふくしま・りゅうさぶろう）

社会福祉法人はる　理事長
佐賀県に本拠を置く法人。障害福祉分野の生活介護、就労継続支援B型、共同生活援助、短期入所、相談支援、行動援護、居宅介護、移動支援、福祉有償運送、障害者文化芸術普及支援事業を運営。佐賀県ではまだ少ない強度行動障害のある人のグループホームに取り組んでいる。著書に『強度行動障害のある人の「暮らし」を支える－強度行動障害支援者養成研修［基礎研修・実践研修］テキスト』（共編著、中央法規出版）などがある。

### 執筆者

**池田 裕哉**（いけだ・ゆうや）
社会福祉法人北摂杉の子会　萩の杜
第２章エピソード３

**大友 愛美**（おおとも・よしみ）
特定非営利活動法人ノーマライゼーション
サポートセンター こころりんく東川
第３章第５節

**片桐 公彦**（かたぎり・きみひこ）
社会福祉法人みんなでいきる　理事
第３章第２節

**勝部 真一郎**（かつべ・しんいちろう）
社会福祉法人北摂杉の子会　萩の杜
第２章エピソード３先輩's EYE、
第３章第4節

**加藤 潔**（かとう・きよし）
社会福祉法人はるにれの里
自閉症者地域生活支援センターなないろ
第２章エピソード２先輩's EYE

**金木 夏未**（かねき・なつみ）
社会福祉法人南山城学園　障害者支援施設　光
第２章エピソード７

**亀岡 亮太**（かめおか・りょうた）
社会福祉法人旭川荘　旭川学園
第２章エピソード６

**川西 大吾**（かわにし・だいご）
社会福祉法人旭川荘　株式会社トモニー
第２章エピソード６先輩's EYE

**神田 宏**（かんだ・ひろし）
社会福祉法人横浜やまびこの里
横浜市発達障害者支援センター
**第２章エピソード８先輩's EYE、**
**第３章第１節**

**五味 美知子**（ごみ・みちこ）
独立行政法人国立重度知的障害者総合施設
のぞみの園　診療部看護課
**第２章エピソード９**

**竹矢 恒**（たけや・わたる）
一般社団法人あんぷ
**第２章エピソード４先輩's EYE**

**田代 雄作**（たしろ・ゆうさく）
社会福祉法人はる
共同生活援助事業所コンフォートながせ
**第２章エピソード1**

**西田 武志**（にしだ・たけし）
社会福祉法人南山城学園　障害者支援施設　翼
**はじめに、第１章、第２章コメント、**
**第２章エピソード７先輩's EYE**

**根本 昌彦**（ねもと・まさひこ）
独立行政法人国立重度知的障害者総合施設
のぞみの園　研究部
**第２章エピソード９先輩's EYE**

**日詰 正文**（ひづめ・まさふみ）
独立行政法人国立重度知的障害者総合施設
のぞみの園　研究部
**第３章６－②**

**福島 龍三郎**（ふくしま・りゅうさぶろう）
社会福祉法人はる　理事長
**はじめに、第2章エピソード１先輩's EYE、**
**第３章６－１・２**

**松上 利男**（まつがみ・としお）
社会福祉法人北摂杉の子会　理事長
**第３章６－①**

**松原 俊輝**（まつばら・としき）
社会福祉法人福岡障害者支援センター
地域生活支援拠点事業所四箇・
グループホームなごみ
**第２章エピソード５**

**森口 哲也**（もりぐち・てつや）
社会福祉法人福岡市社会福祉事業団
障がい者地域生活・行動支援センターか～む
**第２章コメント、**
**第２章エピソード５先輩's EYE**

**藥真寺 勇人**（やくしんじ・はやと）
特定非営利活動法人ともにあゆむ
生活介護事業所Precious Life
**第２章エピソード８**

**山根 和史**（やまね・かずし）
厚生労働省社会・援護局障害保健福祉部
障害福祉課地域生活・発達障害者支援室
発達障害施策調整官
**第３章６－③**

**吉井 宏孝**（よしい・ひろたか）
社会福祉法人はるにれの里
自閉症者地域生活支援センターなないろ
**第２章エピソード２**

**吉川 徹**（よしかわ・とおる）
愛知県尾張福祉相談センター　児童専門監
あいち発達障害者支援センター　副センター長
愛知県医療療育総合センター中央病院
子どものこころ科
**第３章第３節**

**吉田 孝平**（よしだ・こうへい）
社会福祉法人同愛会　大泉福祉作業所
**第２章エピソード４**

| 装画 | 松本寛庸 |
| --- | --- |
| イラスト | うてのての |
| ブックデザイン・DTP | 永瀬優子（ごぼうデザイン事務所） |

本人の「困った！」、支援者の「どうしよう…」を軽くする
**強度行動障害のある人を支えるヒントとアイデア**

2023年9月20日　初　版　発　行
2024年8月10日　初版第2刷発行

編著者　西田武志・福島龍三郎
発行者　荘村明彦
発行所　中央法規出版株式会社
〒110-0016
東京都台東区台東3-29-1　中央法規ビル
TEL 03-6387-3196
https://www.chuohoki.co.jp/
印刷・製本　日経印刷株式会社

定価はカバーに表示してあります。
ISBN978-4-8058-8932-9





本書の内容に関するご質問については、下記URLから「お問い合わせフォーム」にご入力いただきますようお願いいたします。
https://www.chuohoki.co.jp/contact/